文旅融合：
公共文化服务新动能论集

北京大学国家现代公共文化研究中心
　　　　　　　　　　　　　　　　　　编
北京市石景山区文化和旅游局

国家图书馆出版社

图书在版编目（CIP）数据

文旅融合：公共文化服务新动能论集/北京大学国家现代公共文化研究中心，北京市石景山区文化和旅游局编 . — 北京：国家图书馆出版社，2019.10

　　ISBN 978-7-5013-6859-4

　　Ⅰ . ①文…　Ⅱ . ①北…②北…　Ⅲ . ①公共管理—文化工作—中国—文集　Ⅳ . ① G123-53

中国版本图书馆 CIP 数据核字（2019）第 223118 号

书　　名	文旅融合：公共文化服务新动能论集	
编　　者	北京大学国家现代公共文化研究中心 北京市石景山区文化和旅游局	编
责任编辑	王炳乾　高爽　张颀　唐澈	
封面设计	耕者设计工作室	

出版发行	国家图书馆出版社（北京市西城区文津街 7 号　100034） （原书目文献出版社　北京图书馆出版社） 010-66114536　63802249　nlcpress@nlc.cn（邮购）
网　　址	http://www.nlcpress.com
排　　版	九章文化
印　　装	北京金康利印刷有限公司
版　　次	2019 年 10 月第 1 版　2019 年 10 月第 1 次印刷

开　　本	710×1000（毫米）　1/16
印　　张	15.5
字　　数	240 千字
书　　号	ISBN 978-7-5013-6859-4
定　　价	78.00 元

目　录

第二部分：地方实践

第三部分：政策文件

第一部分：专家观点

全面实现小康社会后我国文化发展的时代背景及路径

杨永恒 [①]

我国当前的文化事业建设与社会经济高速发展、综合国力大幅攀升、国际地位显著提高相比，明显存在发展相对滞后、国际影响力不足、社会功效低弱等问题。在全面进入小康社会以后，文化发展将面临全新的形势与挑战，对高质量发展的要求必将进一步提高。因而，亟须妥善厘清我国文化发展的薄弱环节，研判新时代背景中文化发展的形势趋向，明确文化发展的新使命、新思路，从而科学规划新时代社会主义文化强国的实现路径。

一、当前我国文化发展存在的问题

我国文化建设在取得历史性成就的同时，仍然存在诸多亟待解决的问题：

一是文化发展速度滞后于人民快速增长的精神文化需求。新时代社会在满足物质生活需求之后，人们的精神文化需求满足已成为衡量生活幸福指数的关键因素。

二是我国文化的国际影响力与国际地位与全球第二大经济体地位不相符。近年我国文化对外贸易全面提速，大大拓展了文化交流的广度，但文化对外贸易仍处逆差地位，在国际市场占比较低，更缺乏有影响力的优质产品，难以掌握文化

---

① 杨永恒，清华大学公共管理学院副院长、教授、博士生导师，清华大学中国发展规划研究院执行副院长，国家文化和旅游公共服务专家委员会主任。

话语权，国际影响力微弱。

三是文化的生产门槛过低、产品质量堪忧。网络文化因其创作、阅读的便捷以及传播快、传播广的特性异军突起，重构了文化生态，也导致文化产品生产的准入门槛降低。网络文化缺乏必要的筛选、审核、评价、问责等机制，使得信息时代的文化发展虽表面茂盛实则良莠不齐、缺少精品。

四是文化聚合度的降低和时代环境的变化造成网络时代社会发展的新矛盾。数字科技的发展使人们获取文化信息的主要方式从现实世界向网络世界转移，通过大数据的智能选择实现信息精确推送，造成接受单一，使人沉溺于网络虚拟世界，加剧"信息茧房"效应发生，将个体隔离于自我的文化孤岛。文化隔绝降低了文化的聚合度，使意识形态凝聚和价值观引领功能涣散。

五是文化安全问题日益显著。大数据因其多维度、全面性特点，具有从看似无关紧要的碎片化信息中还原个人、特定人群甚至组织全貌的能力，掌握、分析特定地区、特定人群及个人的生活习性、价值判断以及社会、经济、政治等立场，推算出文化习性，掌控信息化社会中的关键资源，进而影响到个人、社会、国家等各个层面的安全。

六是文化生产供给侧结构性问题突出。供需错配是导致当前文化产业发展不均衡的重要问题。一方面，文化需求增长而优质文化产品不足，导致文化消费外溢；另一方面，文化高端产品供给不足，低端产品产能过剩，产业发展虚火过旺、后劲不足，无法满足人民不断升级的高质量文化需求。

二、新时代文化发展面临的国内外形势

当前，国内外形势正在发生深刻复杂变化，我国发展仍处于重要战略机遇期，前景光明，挑战也十分严峻，变局中危和机同生并存，这给中华民族伟大复兴带来重大机遇。文化的新时代建设面临国内外急剧变化的情势，挑战与机遇并存。

从国际局势来看，存在美国等发达国家对我国全面遏制的风险。虽然我国向来秉持和平、发展、合作、共赢的要旨，但随着国际地位的提升，个别国家和政治势力企图遏制我国发展的野心逐步暴露，国际冲突愈显尖锐。从 2018 年开始的中美

贸易战是中美两国国家意识形态安全关系的不平衡性所导致。我国要掌握国家意识形态安全关系的主动权。"构建人类命运共同体"是中国从新局势的站位出发、超越传统意识形态局限、面向世界提出的处理国际意识形态安全关系的新原则，正发展为一种超越不同国家制度和传统意识形态安全关系的中国方案。中华文化将在此过程中推动世界文化走向更为包容、充分理解的新台阶，实现和谐共存。

从内部环境来看，经济增速下行趋势仍在，但降中趋稳，伴随人力资本提升、中等收入群体扩大、城市化水平提升、受教育程度不断提高，文化需求将进入大步提升阶段，成为未来民生变化的主要方面，成为衡量美好生活需要满足与否的重要指标。此外，新一轮技术变革将深刻改变人们的生产、生活方式，形成全新的文化生态系统，文化发展的不确定性明显增强：人的精神文化需求来自于人与人之间真实关系的体验，文化社群关系的网络化导致人群相处模式从真实转向虚拟世界，由此引发人的精神文化需求重大变化。随着新时代智能科技的进一步发展，人工智能创作越来越被广泛使用，将对人类创作形成巨大冲击。

三、新时代文化发展的总体思路

新时代文化建设要发展"人民的文化"，即契合人民对美好生活的追求，满足人民日益增长的精神需要，陶冶文化情操、提高人文素养。社会主要矛盾的变化是关系全局的历史性变化，决定着发展要求、发展目标、发展方式的改变。文化建设将更加注重高质量、高效益，关注人的精神追求和全面发展。人的全面发展离不开文化滋养，文化需求更是美好生活需求的精神内质。文化高质量发展的含义就是文化对人的全面关怀，即更切实、更透彻地满足人民的精神需求。要求在文化建设过程中妥善处理工具理性与价值理性之间的关系，处理好经济效益与社会效益的关系。

新时代文化建设要发展"时代的文化"，即顺应时代发展、提前谋篇布局，在风云诡谲的时代路口重点完成提升文化黏合力、民族凝聚力的历史任务。文化有其自身发展的规律，随着历史条件改变而变化，每一历史时期的文化，既传承其原有的特质，更融入当下元素，两者的结合形成时代特有的文化内涵。新时代文化高质量发展须顺应时代脚步，厘清传统文化对当下的意义。数字科技改变人的生活方式、文化获得方式和社群关系，即改变了文化需求的产生和创造冲动的来源。文化只有主动和科技去融合，才可能实现高质量发展。其次，文化和时代需求的发展相融合。文化是时代发展的软性黏合剂，是增加社会黏性的良药，不止于满足人们的精神需求，更起到价值引领与凝聚的作用，从思想与人格上完善人本身。

新时代文化建设要发展"民族的文化"，即以增强中华文化的世界话语权为主要任务，将不断增长的经济优势转变为文化优势，树立文化大国形象。新时代的文化发展若不放置于国际背景下和世界舞台上，中国特色社会主义文化就不能突显，文化自信也无从谈起。在全面实现小康社会的历史进程中，中国文化必然走向世界，世界需要了解中国文化。但文化产品输出不代表文化价值输出，文化出口额增长也不代表文化真正被接受，文化出口大国更不等于文化强国。在建设"民族的文化"的事业中，须把握好"中华文化价值"与"别国本土文化特性"之间的平衡，不是一味宣扬中国文化而忽视文化间藩篱，更不是一味迎合他者的接受而忽略民族文化的内旨。

四、新时代文化发展的路径

1. 改变文化发展理念，重塑文化发展重心

新时代文化的发展要改变急于求成的心态，正确认识文化发展的客观规律。文化要想持续而深入地发展，不可能仅依靠政府出台几个文件、推行几项政策或增加点奖励金额就能立竿见影。文化建设的成绩要以实质效果而不是定量指标为衡量标准。文化发展是国家软实力综合发展的结果，不全是 GDP 指标，应将注意力放在孕育文化蓬勃兴盛的土壤、提高国民的文化素养上。

2. 提升核心价值观凝聚力，增强核心文化引领力

提升文化凝聚力和增强文化引领力是新时代文化建设的当务之急。关键在于增强文化产品的吸引力，提升国民对自身文化的认同感。要使传统文化进基层、进社区，进学校、进基础教育，真正进到百姓的学习、工作、生活中去；充分利用数字媒体技术进行推广，利用网络平台和数字社交软件提升关注度；充分抓住

当前文化消费者心态，将文化传播与消费活动融为一体。

3. 繁荣精品文艺创作，营造精品诞生的良好氛围

首先，要完善文艺创作类高等院校教育培养体系，更要让文化艺术进入基础教育，将提高审美鉴赏力作为全面人格培养的重要部分，加强经典文艺作品的传播，使艺术创作和表达成为人们精神文化生活的重要组成部分。其次，加强对文艺市场的引导和规范，加大对原创的扶持力度，完善知识产权保护和相关法律法规，增加不当获利的违法成本，保护原创并加强与民间行业组织的联系，以弥补法律的盲区。再次，智能化生产进入文艺创作的趋势日益突出，应做到提前布局，通过对智能化生产的文艺作品进行版权分割，以保护原已形成秩序的文艺创作市场，并建立实时更新的用户数据库，进行文化消费画像，使智能化生产与需求相契合。最后，建立和完善文艺作品评价体系，注意文艺评论的正确导向，警惕文艺评论被功利性、娱乐化裹挟。

4. 保护历史文化资源，结合科技手段布局文化存续

我国有着极为丰富多样的文化遗产和文化资源，发展文化最要紧的是不能消灭其独特性和多样性，如按照统一标准去"保护"文化，很多情况下会变成文化"灾难"。可利用数字化手段记录、保存珍贵的历史文化资源，进行有意识的建设和存续布局，并利用先进传媒手段，广泛宣扬文化保护的意识。文化从根本上来说是人学，研究的主体对象是人本身，对人的关注和提高，才是文化发展最应关注的主题。

5. 提高公共文化服务效能，推动社会化发展

首先，完善多层次的公共文化服务供给体系，借鉴现有成功经验，建立"政府—企业—第三部门—市民"的梯次供给主体；其次，以公共文化服务载体建设为依托，引入多方投资参与，企业投资、风险投资、个人投资都可以在法律约束的条件下有效介入，从而加大公共文化服务的供给；再次，开展以需求差异为导向的公共文化服务运营机制创新研究，根据普惠的大众公共文化需求、差异性的偏好公共文化需求、高端的公共文化需求三个类型，分别采取政府全款购买服务、奖励性补贴、市场自营三种运营模式；最后，基于扩大公共文化消费的公共文化资源经营模式创新。在坚持公益性的前提下，公共文化服务主体可以适当收取费用，用以改善服务质量，进一步扩大公共文化资源的利用率和社会化。

论文化和旅游融合发展的六个关系

毕绪龙 ^①

2018 年机构改革后，推进文化和旅游融合发展成为文化和旅游部系统的重要职责之一，同时，文化建设和旅游发展所涉及的协调部门职责职能也进行了调整。目前我们探讨文化和旅游融合发展，并非是推倒文化和旅游从一开始就密切结合的实践和事实，而是从国家文化和旅游的综合治理层面，基于文化和旅游在各个层面的融合发展状况，更深入、更系统、更全面地梳理其关系层次，探索其发展路径，为政府推进文旅融合发展提供知识和决策参考。本文拟从这样的角度对文化和旅游融合发展所要把握的基础关系做出初步梳理。

一、文化旅游与旅游文化

1. 文化旅游

从旅游学的角度来讲，文化旅游是指以特定地域的文化内容或活动为目的或者吸引力的旅游。大卫·思罗斯比把它界定为大众旅游中的"小众"市场，这一类市场"消费者人数少，要求高，并且知识丰富，经济宽松"。根据文化旅游发展现状及趋势，这一"小众"市场不可小觑：一是思罗斯比的定义过于严苛，在实际的旅游中，文化旅游者并非仅仅是"高知"游客，更多的还是大量的"非专业"游客，他们并非"研究"文化而是消费"文化"，因此并非以是否能"看懂"为标准，

---

① 毕绪龙，中央文化和旅游管理干部学院研究员。

而是以"看过"为标准。二是以历史古迹、文博场馆、民族风情等为对象的旅游已成为世界各国旅游业的重要内容或支撑。即便旅游者的目的不仅仅是为了文化旅游，但文化旅游已经在其旅游活动中占据了一定比例。三是文化旅游作为"小众"市场，是相比大众旅游市场而言，其实际规模并不小，形态也不少。单单从文化艺术节来看，西班牙的斗牛节和西红柿节、巴西的狂欢节、爱丁堡的音乐节等，都已经形成典型的节庆文化旅游世界级品牌。另外，出于对文化、知识、阅历、教育等的需要，文化旅游特别是文化旅游中的亲子游也会呈增长趋势。

2. 旅游文化

旅游文化是以一般文化的内在价值因素为依据，以旅游诸要素为依托，作用于旅游生活过程的一种特殊文化形态，是人们在旅游过程中（一般包括游览、住宿、饮食、娱乐、购物等要素）精神文明和物质文明的总和，也是文化和旅游碰撞交流而生的文化形态。旅游文化建设的积极意义在于通过"文明旅游"规范提高全民文明素质，如"厕所革命"就既为游客提供高品质旅游如厕环境服务，又带有让游客文明如厕的素质养成功能。旅游文化建设的载体、路径都是依托于旅游的。目前，我国旅游文化建设的最重要的问题就是文明旅游（包括境内游和出境游）问题。

3. 把握文化旅游和旅游文化内涵，同步推进

文化旅游和旅游文化二者的侧重点有所不同：推进文化旅游发展，重点是推进传统文化产品的现代化，传承发展中华优秀传统文化；之前的文化旅游，除了旅游演艺差强人意，其他业态也发展乏力，原因之一在于没有把握好侧重点，没有把文化旅游界定位在"以文化产品或服务为吸引物"上推进业态发展。实践证明，如果只是泛泛倡导文化产品和服务进入景区景点，而文化产品和服务不具备独立性、创新性和目标吸引物的力量，文化旅游是做不好的。旅游文化建设，重点是提高公民旅游的文明素质。同时，也能够实现文化旅游和旅游文化建设的乘数效应。

二、文化资源与旅游资源

从资源利用的角度来看，文化资源和旅游资源有很大的交叉性，这是推进文

化和旅游融合发展的重要基础和支撑。

1. 旅游资源

旅游资源指的是自然界和人类社会中能对旅游者产生吸引力的事物和因素。20 世纪 90 年代初，我国在制定旅游资源普查规范的时候，就把旅游资源分为自然资源和人文资源两大类。后来的国家《旅游资源分类、调查与评价》的 8 个主类中，就有 4 个主类（E 遗址、F 建筑与设施、G 旅游商品中的传统手工艺品、H 人文活动）中包含文化资源，其中，E、H 两大主类全部是文化资源。从旅游资源分类来看，其本身就是文化和旅游的合集。

2. 文化资源

文化资源是指人类在自身发展过程中创造的物质财富和精神财富，在目前我国文化建设中主要是指优秀文化遗产，包括传统文化、革命文化和社会主义先进文化。文化资源的分类、调查与评价，目前主要集中在文物（包括革命文物）、非遗传承保护项目方面。调查统计主要应用于文化遗产保护及利用。

3. 推进文化资源和旅游资源调查、评价与利用的标准化、规范化和适用性

之前的文化资源调查、旅游资源调查，缺乏融合发展意识，忽视了二者之间本来就密不可分的关系，没有对这两方面资源的保护利用做统筹规划和顶层设计，即便到现在，文化资源保护与旅游资源开发之间的矛盾，因为部门权力或利益等影响，依然还没有创造性的解决方案。资源调查与评价，一是为了解家底，二是为采取得力措施保护资源，三是为经济社会发展服务。不能把文化资源和旅游资源的调查评价仅仅作为基础性工作而停滞不前，特别是在市场经济条件下，随着参与资源保护利用的主体多元化，相关部门、单位和市场主体等都急需更科学可靠的资源要素评价体系与资源利用价值评估体系，各级相关规划也对文化和旅游资源评价提出客观要求，文化和旅游部最近又明确了对旅游规划的管理意见，就更需要把文化资源和旅游资源调查工作推进到指导性强的战略性工作层面。

4. 解决文化资源保护与旅游资源开发的矛盾

文化遗产保护与旅游资源开发的矛盾始终存在，但这并不意味着我们只要守住"保护"的正义就可以止步不前。落实习近平同志提出的创新、协调、绿色、开放、共享新发展理念，在市场经济条件下全面统筹考虑文化发展和旅游发展的

关系，实际上要兼顾三个方面的长远利益：

（1）可持续经济

文化和旅游融合发展所带来的经济效益，必须是可持续的。比如，公益效益与直接的市场效益非常相关，因此需要保障那些受到旅游项目影响的当地居民有同等权利追求项目的经济效益。

（2）可持续生态

旅游资源，特别是旅游资源中的自然资源的开发利用，要注重对自然资源、物种多样性和生态系统的保护问题。绿水青山要成为金山银山，需要我们倍加珍惜、保护生态。在定价、规章制度等方面，需要把游客的影响控制在可持续生态原则允许的范围内。

（3）可持续文化

文化资源，特别是文化遗产的开发利用当中，存在对文化资源、文化多样性、文化真实性和文化生态平衡的保护问题。过度利用文物、遗迹，建设性破坏文化遗产等都不利于文化可持续发展。另外，为了招揽游客，造古城、杜撰故事、虚构特色小吃秘方，也是不可持续发展的表现。

三、文化产业与旅游产业

1. 文化产业

按照国家统计局的最新说明，"文化及相关产业"是指为社会公众提供文化产品和文化相关产品的生产活动的集合，包括 9 个大类、43 个中类。其中，9 个大类中的"文化服务业"的部分内容与旅游业直接相关，如城市公园管理、名胜风景区管理、森林公园管理、自然遗迹保护管理、休闲观光活动等；各大类的部分内容与旅游业间接相关，如文化制造业、文化服务业等与旅游融合，发展文旅小镇、田园综合体等。国家统计局关于文化及相关产业的分类是随着我国文化建设发展实际不断调整的，这也恰好说明了文化产业与旅游产业融合的程度。

2. 旅游产业

旅游产业是指围绕吃、住、行、游、购、娱以及更多相关要素形成的综合性产业体系。旅游产业的综合性，既体现为旅游服务的综合性，游客集中之处的所有服务均可纳入旅游服务，文化服务当然位列其中；也体现为游客消费的综合性，随着全民旅游时代的到来，这一综合性消费需求日益强烈，文化消费更不可或缺了。从供求关系来看，旅游产业的各个要素在供求两个方面都需要文化产业。从供给角度讲，文旅融合在社会和市场层面融合已久，每一条旅游路线中几乎都包含了文化景点，特别是文化遗产类的旅游。包括以旅游演艺为代表的文旅融合，以及主题公园、游乐园、商贸综合体中的文化类项目等在内的新的文化旅游业态不断涌现。在行政管理方面，虽 10 年前就已出台了相关政策，但是并未形成很强的政策指导性。从需求的角度说，目前我国虽然尚未有充分的数据统计说明文化产业对旅游产业的贡献率，但是毋庸置疑，如果没有文化产业 20 年的发展，文旅融合的程度就会大打折扣，两个产业的融合发展也是体制改革的产物。

3. 促进文化产业与旅游产业生产链条的有机融合

推进文化和旅游融合发展，目前的重点任务是要在尊重二者独立性发展的基础上，促进文化产业与旅游产业在合适的生产链条或价值链条的不同环节有机融合发展。从产业发展的实际来看，文化产业与旅游产业的交叉性和重叠度比较高。我们一直在讨论的"文旅融合"，主要是指以市场驱动力为基础，文化项目与旅游项目相互借力发展。但是，推进文化产业、旅游产业融合发展，不是把两个产业合并，而是本着提高质量、加强新供给的原则，让文化和旅游两个方面一些"存量"通过融合活跃起来，让更多的新业态"增量"涌现出来，共同满足人民群众的精神文化需求。

从市场配置资源的角度来说，文化产业和旅游产业无处不可融、无业态不可融，二者的融合是"强融合"，是文化和旅游融合发展的主要领域，是最为活跃的领域，也是文化产业、旅游产业作为"新的经济增长点"持续保持市场活力的领域。从国民经济统计角度来说，文化产业是一个独立性较强的行业集群，旅游产业也有它比较清晰的边界和范围，二者的统计还是要分类进行的。

文化产业和旅游产业的融合发展不应该是机械的，也不是必须在生产链、价值链的同一环节融合，如并非所有电影拍摄基地都像横店那样做成旅游产品、所有音乐器材生产地都要做成音乐小镇、所有非物质文化遗产物品制作都要搬到旅游景区等，而是在合适的链条环节找到最佳融合点。多年来，跟风而上的许多文化或旅游项目为融合而融合，但机械融合所造成的同质化、山寨化现象损害了文化和旅游融合发展的质量和水平，既无经济效益又无社会效益。

四、公共文化服务与旅游公共服务

文化和旅游部公共服务司的工作职责，包括"拟订文化和旅游公共服务政策""承担全国公共文化服务和旅游公共服务的指导、协调和推动工作""拟订文化和旅游公共服务标准并监督实施"等。由此可见，在公共服务方面也有文旅融合发展的任务。

1. 公共文化服务

《中华人民共和国公共文化服务保障法》界定："公共文化服务是指由政府主导、社会力量参与，以满足公民基本文化需求为主要目的而提供的公共文化设施、文化产品、文化活动以及其他相关服务。"近年来，公共文化服务体系建设的系列政策体现出公共文化服务标准化、均等化、社会化、数字化等特征，为旅游公共服务相关工作提供了借鉴意义。作为公共文化场馆设施的博物馆、美术馆、纪念馆、科技馆等，也在不同程度上向游客免费开放。

2. 旅游公共服务

目前，旅游公共服务尚未纳入我国公共服务相关规划范围，同时，相应的旅游公共服务的政策、标准等尚不健全，因此，旅游公共服务的研究和建设是一项新任务。从近 10 年的旅游政策来看，围绕着逐步提高旅游服务质量，旅游公共服务也有标准化、均等化、社会化、信息化等方面的建设任务。不过，在旅游业市场化程度较高的情况下，在保障旅游公共服务投入、提高从业人员服务意识和水平、满足群众基本旅游需求等方面，需要采取新的建设方式。

3. 推动文化和旅游公共服务协调发展

推进文化和旅游融合发展，做好文化和旅游公共服务协调发展也是题中之义。从文化和旅游都是"幸福产业"，都是满足人民美好生活需求的重要途径角度来看，文化和旅游公共服务的融合发展已经提上议事日程。优秀高效的公共文化服务，不仅能够满足本地群众的基本文化需求，而且能够满足游客体验异地文化的旅游需求，甚至，文旅融合能够带动本地公共文化服务发展。

公共服务领域的文化和旅游融合发展及其趋势可以从两个角度来理解和把握，一个是从文化的角度，一个是从旅游以及相关业态的角度。

从公共文化场馆业务发展趋势来看，一是国家和省级层面的一些博物馆、美术馆、纪念馆等的社会服务，如故宫博物院、南京博物院、浙江美术馆、苏州博物馆等的文化创意产品经营开发、精品展览等，从以前为本地群众服务为主逐步转化为对本地群众和游客服务，提高了优秀传统文化的宣传、传播和普及，发挥了博物馆等文化场馆的社会教育功能。二是随着非物质文化遗产保护利用的政策引导、经验推广，以"见人、见物、见生活"为理念的非遗展览、非遗体验，特别是融入现代日常生活的非遗类产品的创意设计和开发，也集中体现了文化和旅游融合发展的特点和趋势。三是一些地方文化资源丰厚、工作创新意识强、群众基础好的文化馆（站）开展特色群众文化活动，把实施"文化惠民工程"项目与以异地文化体验为主的文化旅游相结合，在本地群众和游客互动中提高了服务效能，同时增强了本地旅游宣传推广功能。四是各地一些剧院及文艺院团利用区域优势资源，通过打造旅游演艺项目，在为本地群众提供公益演艺服务的同时，与旅游业发展结合起来，实现了社会效益和经济效益的双丰收。如上海杂技团有限公司的"时空之旅"、黑龙江杂技团有限公司的"冰秀"等。五是一些城市在实施图书馆总分馆制过程中建设的公共图书馆（书吧），特别是新型的阅读空间，如浙江省的"城市客厅"、天津市滨海新区的"网红图书馆"、深圳的24小时书吧等，在创新本地群众图书馆服务方式的同时，也发挥了文化和旅游融合发展的功能。

从旅游以及相关业态的发展趋势来看，近几年，中央提出发展旅游的若干重大概念，围绕这些重大概念，也有很多条件和要素能够和公共文化服务融合发展。一是围绕传统村落等开发的乡村旅游、乡村创客等，可与基层综合性文化中心建设相结合，既节约公共财政成本，又活跃农村文化活动。二是在乡村振兴战略中提出的"田园综合体"建设，为游客提供的文化公共空间，可以利用为本村、邻村群众的公共文化服务空间，这将发挥提高基层公共文化服务效能和提高旅游文化内涵的双重功能效果。三是由国家政策推动的全域旅游、乡村旅游等市场主体参与建设的项目中，处于市场效益考虑建设的乡村博物馆、村史馆等，可作为公共文化服务的增量，同时为本地群众和游客提供服务。四是特色小镇配套建设的科技馆、3D 打印、人工智能等现代科技设施以及文化设施，特别是文旅小镇，都将成为本地公共文化服务的增量。

五、特色文化产品与旅游纪念品

1. 特色文化产品

特色文化产品是指工艺品、演艺娱乐、文化旅游、特色节庆、特色展览等特色文化产业领域的单体文化产品，包括非遗产品、文物高仿产品、手工艺品、衍生品、创意设计产品等。这类产品依托于非遗传承人、工艺美术专业人员、创意设计师等设计和生产，体现某种文化价值、美学价值、工艺价值和经济价值，但整体上看市场化程度不高。如果能够与一些旅游业态恰当结合，则具有加强传播推广、扩大市场规模，从而传递文化价值的可能。

2. 旅游纪念品

旅游纪念品是指为满足游客需求而开发的带有纪念意义的旅游产品。从市场的角度来看，旅游纪念品是最带有实物性质、最能实现情境化营销、最能传递旅游目的地价值和信息的实体产品，但长期以来处于"未破题"的历史阶段，主要存在千篇一律、质量不高、吸引力缺乏等问题。如果能够把特色文化产品与旅游纪念品的研发、设计、生产和营销结合起来，也有相互促进的可能。

3. 推动特色文化产品与旅游纪念品的融合发展

推进文化和旅游融合发展，在实体产品层面要注意推进特色文化产品的创意提升，与旅游纪念品的转型升级结合起来。特色文化产品与旅游纪念品的融合发展，看上去是个微观问题，是资源配置的市场行为，但之所以难以"破题"的根源在于文化和旅游体制改革不到位而形成的若干制约因素。

所谓未"破题"并非危言耸听，我国的旅游业发展到今天，凡是可以由市场配置资源的，市场基本上都介入了。那么，为什么直到现在，旅游目的地面向游

15

客的商品依然以千篇一律的同质化商品占主流，具有地方特色的珍品少人问津呢？这个问题一是涉及旅游商品消费畸形问题，即我国的旅游商品市场，无论是卖家还是买主，积累形成了"贵重高价旅游商品一定是假的"这样的"潜规则"，成为旅游市场的一块"洼地"。大家见怪不怪，很少从旅游文化建设角度来检视这一问题，这实际上是全民诚信问题暴露最集中的领域之一。二是涉及旅游纪念品利润问题，对游客千篇一律的旅游商品，对卖家而言有利润就会经营、无利润就不会经营，珍品、真货游客不信任，即便卖出，利润未必高于普通商品。三是涉及旅游目的地的垄断管理问题，比如，所有旅游纪念品的营销如果都由景区运营公司垄断，充分竞争受到限制，好的创意产品或者难以进入景区，或者进入景区的成本很高，那么就会导致景区的商品供给问题。

六、对外文化交流和对外旅游推广

1. 对外文化交流

在中华文化"走出去"的战略框架中，对外文化工作实际上包含了文化交流合作、对外文化贸易两大方面，前者是人文交流、增进了解、外交方面的工作，后者是按照全球化市场经济规律规则进行的经济方式。对外文化交流的海内外载体有驻外使领馆（其中的文化处）、海外中国文化中心、孔子学院以及"一带一路"沿线国家各种文化类联盟、中外文化年、"欢乐春节"品牌项目等，目前海外中国文化中心有近 40 个。对外文化贸易的海内外载体有国家对外文化贸易基地、"一带一路"项目征集等。

2. 对外旅游推广

对外旅游工作主要是指对外旅游推广，吸引更多国家的民众来我国旅游，或者让国内游客更多了解外国旅游目的地。目前我国驻外旅游机构有近 20 家。对外旅游推广的载体主要有驻外旅游机构、中外旅游年等。

3. 推进文化和旅游发展，要兼顾国内国外两个方面

特别是我国处于从站起来、富起来到强起来的历史时期，需要通过文旅融合发挥出讲好中国故事、展示中国形象的功能作用。对外文化交流和对外旅游推广

有相当的"交集"，目前大家更多地讲二者融合的目的和机构合并，没有多讲二者"交集"的方式。推进二者融合发展，要在研究二者"交集"及其特征的基础上，找出融合发展的方式、路径和措施。

文旅融合的三重耦合性：价值、效能与路径

吴理财　郭　璐①

习近平总书记在党的十九大报告中强调，中国特色社会主义进入新时代，我国社会主要矛盾已经转化为人民日益增长的美好生活需要和不平衡不充分的发展之间的矛盾。并指出要坚定文化自信，推动社会主义文化繁荣兴盛，要深化文化体制改革，完善文化管理体制，加快构建把社会效益放在首位、社会效益和经济效益相统一的体制机制。2018年3月13日，国务院机构改革方案提请十三届全国人大一次会议审议，根据该方案，统筹文化事业、文化产业发展和旅游资源开发，将文化部、国家旅游局的职责整合，组建文化和旅游部，其主要职责之一就是在发展理念、工作方式、产业引导、公共服务等各个方面按照"宜融则融、能融尽融、以文促旅、以旅彰文"的原则探索融合发展之路，推进文化和旅游融合发展，推进文化和旅游体制机制改革。文化和旅游部的成立标志着文化与旅游融合发展局面的开启，破除了原有部门壁垒，从机构设置的角度确立了文旅融合体制保障、机制互补、职责整合和统筹规划的基本架构。我国地方的行政机构设置也基本遵循中央机构设置的内容，省级文化旅游厅、市级文化旅游局、县级文化旅游局的机构改革也在逐步推进。在此之前，在部门壁垒的制约下，文化与旅游之间的合作还是比较机械、简单的结合，文化和旅游的价值都没有得到更大程度的发挥。

① 吴理财，安徽大学社会与政治学院院长、教授，华中师范大学中国农村综合改革协同创新研究中心研究员。郭璐，华中师范大学政治与国际关系学院博士生，华中师范大学中国农村综合改革协同创新研究中心研究人员。

此次文化和旅游机构改革的目的，一是释放文化与旅游融合发展的信号，二是为文化与旅游融合发展提供体制保障，实现文化和旅游的深度融合，以文促旅，以旅载文，激发文化的引导力、治理力、生产力，提高旅游业产品质量和文化效益，实现社会效益和经济效益统一。

一、从文旅结合到文旅融合的政策变迁

从政策发展角度看，文化与旅游之间经历了从结合到融合的政策转型。在机构改革前，文化与旅游之间的结合更多的是文化与旅游两条曲线之间的点状结合，并且这种结合更多地表现为具体的文化产业和旅游产业之间的合作，即经济产业内部的领域合作。各类政策文件也对各领域的发展范畴和措施做了较为具体的规定。在这个时期，文化与旅游之间是较为机械的结合模式。文化部与国家旅游局的合并，打破了文化与旅游之间的体制壁垒，从顶层设计的角度表达了文化与旅游线性融合的需求，也就是内在机理的融合，以价值观念点、经济增长点、社会效益点、实践路径点等内容上构成文旅融合的线性融合，并逐步推进。以图表的形式能够更加直观地显示出文化与旅游之间从点状结合到线性融合的合作领域、合作模式和合作方式的转变。

表 1　从文旅结合到文旅融合的政策变迁

年份	发文单位	政策名称	内容	意义	领域关系
2001	国务院	关于进一步加快旅游业发展的通知	树立大旅游观念，加强部门协同和地区合作，有效整合"行、游、住、食、购、娱"等要素，完善旅游产业体系，促进相关产业共同发展	强调以旅游为主体的部门协同和地区合作，尚未提及与文化合作	并行
2009	文化部、国家旅游局	关于促进文化与旅游结合发展的指导意见	打造文化旅游系列活动品牌；打造高品质旅游演艺产品；利用非物质文化遗产资源优势，开发文化旅游产品；实施品牌引领战略，引导文化旅游产品开	加快文化产业发展，促进旅游产业转型升级，满足人民群众的消费需求；	结合点：文化旅游产品

（续表）

年份	发文单位	政策名称	内容	意义	领域关系
			展品牌化经营；举办文化旅游项目推介洽谈会；推动文化旅游企业开展合作；深度开发文化旅游工艺品（纪念品）；加强文化旅游产品的市场推广；积极培育文化旅游人才、规范文化旅游市场经营秩序	有助于推动中华文化遗产的传承保护，扩大中华文化的影响	
2009	国务院	关于加快发展旅游业的意见	把旅游业培育成国民经济的战略性支柱产业和人民群众更加满意的现代服务业	实现了旅游产业定位的历史性突破	单线发展
2011	国务院	中国旅游业"十二五"发展规划纲要	"十一五"期间旅游部门与文化、农业、商业、工业、体育、环保、林业、气象、金融等部门合作更加紧密，旅游产业与文化产业、体育产业等相关产业融合不断深化，形成了旅游产业融合发展的大格局；围绕两大战略目标和建设世界旅游强国，积极推动旅游业的产业化、市场化、国际化和现代化发展。加快旅游业与文化、体育等相关产业的融合发展，培育形成新的优势领域，完善产业体系	提出了旅游产业与文化产业等产业融合的思路	结合点：部门合作＋产业融合
2014	国务院	关于促进旅游业改革发展的若干意见	坚持融合发展，推动旅游业发展与新型工业化、信息化、城镇化和农业现代化相结合，实现经济效益、社会效益和生态效益相统一；大力发展乡村旅游；创新文化旅游产品	为进一步促进旅游业改革发展，提出树立科学旅游观、增强旅游发展动力、拓展旅游发展空间、优化旅游发展环境的意见	融合点：乡村旅游；文化旅游产品

（续表）

年份	发文单位	政策名称	内容	意义	领域关系
2015	国务院	关于进一步促进旅游投资和消费的若干意见	旅游业理应主动适应经济发展新常态，把改革创新摆在突出的位置，发挥产业融合作用，促进旅游投资和消费，担当历史发展使命。同时提出实施旅游消费促进计划，培育新的消费热点和实施乡村旅游提升计划，开拓旅游消费空间的内容	隐晦地提出要以培育各类文化资源为旅游消费点，创新文化旅游	隐性融合导向
2016	国务院	"十三五"全国旅游业发展规划	以抓点为特征的景点旅游发展模式向区域资源整合、产业融合、共建共享的全域旅游发展模式加速转变，旅游业与农业、林业、水利、工业、科技、文化、体育、健康医疗等产业深度融合	推进融合发展，丰富旅游供给，形成综合新动能，在推进"旅游+"方面取得新突破	融合点：区域+产业
2017	中共中央办公厅、国务院办公厅	国家"十三五"时期文化发展改革规划纲要	促进文化产品和要素在全国范围内合理流动，促进文化资源与文化产业有机融合，扩大和引导文化消费，提高文化产业发展质量和效益；发展文化旅游，扩大休闲娱乐消费	提出文化领域内部资源与产业的融合发展以及提出了文化旅游的概念	融合点：文化内部；文化旅游
2017	国务院办公厅	关于进一步激发社会领域投资活力的意见	指导和鼓励文化文物单位与社会力量深度合作，推动文化创意产品开发，通过知识产权入股等方式投资设立企业，总结推广经验，适时扩大试点。制定准入意见，支持社会资本对文物保护单位和传统村落的保护利用。探索大遗址保护单位控制地带开发利用政策	提出了文化事业的社会力量参与的创新发展路径，文物的社会与经济效益相统一的具体范畴	融合区：文化事业+经济

（续表）

年份	发文单位	政策名称	内容	意义	领域关系
2018	国务院	关于促进全域旅游发展的指导意见	要实现"旅游+"融合发展，创新产品供给，着力于全域旅游业全面提升	以旅游业发展为核心，提出了"旅游+"的整体性融合思路	线性融合：旅游+
2018	中共中央办公厅、国务院办公厅	关于加强文物保护利用改革的若干意见	促进文物旅游融合发展，推介文物领域研学旅行、体验旅游、休闲旅游项目和精品旅游线路	以文物+旅游为主题之一，提出了文物与旅游的融合路径	领域融合：文物+旅游的领域融合
2019	文化和旅游部	关于促进旅游演艺发展的指导意见	推动中华优秀传统文化创造性转化、创新性发展，推出更多游客和群众满意的精品佳作；进一步发挥市场在文化资源配置中的积极作用，强化各类旅游演艺经营主体地位，充分调动社会各方面积极性，形成推动发展的合力；加大文化内涵挖掘力度，提高艺术水准和创作质量	为着力推进旅游演艺转型升级、提质增效，充分发挥旅游演艺作为文化和旅游融合发展重要载体的作用	线性融合：原则融合；价值融合；目标融合；路径融合

通过上表中关于近些年政策文件中文化与旅游合作内容的梳理，可以比较直观地看出，文化与旅游之间经历了从"业务并行"到"产业结合"到"点状融合"再到"线性融合"四个阶段，今后还应进一步推进从"线性融合"到"区块融合"的深度融合发展。

同时，上表也显示出文化与旅游之间一直有合作的取向，但是由于文化与旅游的部门分割行政体制，文化与旅游的合作整体上还是表现在具体业务合作、产业结合、产品合作、领域合作等相对比较机械的合作层面。而国务院出台的相关文件主要从文化与旅游之间更宏观的外部环境因素——文化与经济的角度以及更多以旅游业为发展主体的角度提出，逐渐推进旅游与其他行业的深度融合。虽然国家文化和旅游部的合并成立时间较短，但目前已经出台了《关于促进旅游演艺发展的指导意见》，将旅游演艺作为文化和旅游融合的一个切入点，从价值理念、目标导向、实施路径等方面都体现了文化与旅游有机融合的精神，已不再局限在产品、产业、业务合作等范畴。文化与旅游的有机融合和深度融合是未来文化与旅游领域的必然路径，而且将大有可为。

二、文旅融合的价值耦合

文旅融合发展的目的是实现经济效益与社会效益的统一。体制改革、政策变迁都是基于现实社会发展条件。习近平总书记在党的十九大报告中指出我国社会生产力水平总体上显著提高，社会生产能力在很多方面进入世界前列，更加突出的问题是发展不平衡、不充分，这已经成为满足人民日益增长的美好生活需要的主要制约因素。旅游是人民为了获得差异化、个性化的生活体验所选择的方式。随着科技水平、文化创新水平、社会发展水平的提高，市场营销手段、游客消费结构和消费观念的变迁，旅游业的更新发展也成为必然。文化作为经济价值和社会价值复合体，与旅游的融合可以加快旅游产业的产品升级、结构优化、效益提升，共同作用于社会效益和经济效益的同步提升。

文化与旅游在社会发展中都有自身的要素归属，文化的内涵十分丰富，有与文明的内涵相契合的文化；也有指一定的物质资料生产的基础上发生和发展的社会精神生活形式的综合，包括宗教信仰、价值观念、法律政治、风俗习惯等内容；同时还有指代个人知识水平的文化。旅游需要主要是属于精神方面的享受和发展需要，是一定文化背景下的产物，是文化驱使的后果[①]。从旅游的发展历程上看，旅游是从古代经济交流、政治安排中发展出来的以商贾、文人雅士等为主要群体的人口流动而产生的差异性文化体验。进入现代社会以后，随着经济社会条件的改善，普通民众也有了强烈的旅游需求。并且随着现代科技水平、文化创新水平、

---

① 王明星．文化旅游：经营·体验·方式［M］．天津：南开大学出版社，2008：2.

社会发展水平的提高，市场营销手段、游客消费结构和消费观念的变迁，大众旅游业必然转向文化性旅游，在旅游中体验和享受更高水平的文化生活样式，从而促进自身的全面发展。一般而言，旅游越具有在地性或地方性，越会给人跨文化或异文化的冲击和体验。有专家认为，跨入 21 世纪以后，我国不可逆转地走进大众旅游时代，意味着旅游已从少数人享受的权利变成老百姓的日常生活。当前，我国正处在物质消费向精神消费的跃迁期，旅游需求将更加强调文化品质与精神内涵，普通民众的旅游需求正从"有没有"向"好不好"、从"美丽风景"向"美好生活"的转变。早在 2009 年 12 月，《国务院关于加快发展旅游业的意见》（国发〔2009〕41 号）就明确提出：把旅游业培育成人民群众更加满意的现代服务业。如今，旅游业已成为我国衡量人民群众生活水平的重要指标，是服务业的龙头和幸福产业之首。

文化与旅游价值耦合体现在文化与经济间、文化产业和文化事业与旅游业间、社会性与经济性间三个层面。

1. 文化和旅游的要素互构

经济、政治、文化是社会生活的三个领域，其中经济是基础，文化是政治和经济的反映。但现在，文化不仅是政治和经济的反映，同样也是政治和经济的构成要素。文化作为软实力主要是因为其作用力不能以具象展现，我们能够感知到文化的力量但却不能实实在在地展示。从社会发展的实际看，文化包含有价值引导功能、政治治理功能和文化资源的经济转换功能。高波和张志鹏在论述文化和经济的发展的文献评述中主要从作为价值观体系的文化角度探究了当前学术界内文化与经济关系的五种观点①，这五种观点的争论点在于文化是否能够促进经济的发展？如果能，在多大程度上可以？其实根据不同文化特性与社会发展的契合性可以得出：正向的社会价值观、良好的政治文化环境以及文化资源的经济转换都在直接或间接地促进经济的发展。旅游是人的社会实践活动，广义上看，旅游属于社会文化的范畴；从狭义上看，旅游活动与文学、艺术、科学、宗教等社会文

---

① 高波，张志鹏. 文化与经济发展：一个文献评述［J］. 江海学刊，2004（1）：80-87.

化的实践活动密切相关①。

国家承载着促进国内政治、经济、文化、生态全面协调发展以及维护国家安全，提升国际影响力的目标。旅游是一种复杂的社会现象，涉及一个社会的政治、经济、文化、历史、地理、法律等各个领域。旅游的本质是以经济支出为手段、以审美和精神愉悦为目的的文化消费活动②。但同时，作为转换的场域——旅游是传承中华文化、弘扬社会主义核心价值观、提升国民素质、促进社会进步的重要渠道，按照英国人类学家 E. B. 泰勒在《原始文化》中的定义：文化或文明，就其广泛的民族学意义来讲，是一个复合整体，包括知识、信仰、艺术、道德、法律、习俗以及作为一个社会成员的人所习得的其他一切能力和习惯③。文化是旅游中精神体验和生活体验的重要内涵。文化与旅游的融合，将以旅游业为载体，充分发挥文化的经济效能、社会效能和政治治理效能。至此，文化与旅游之间的相互影响关系就形成了。

文化治理具有政治、社会和经济三张面孔。旅游也同样具有这三张面孔，以往的文旅结合，其实仅仅关注到了文化与旅游在经济面孔上的契合性，但忽视了其在政治和社会层面的契合性。文旅融合的实质就是实现文化和旅游在要素上的全面融合，能融则融，宜融尽融，文化的价值观体系与旅游的融合体现在文化对经济的反作用中，良好的价值观体系和文化环境有助于经济的发展，旅游作为经济发展的领域之一，也深受价值观的导向功能影响；而文化治理则更多是从政治层面发挥文化的治理功能，文化的治理功能，更多地体现在政府对旅游业治理过程中的行为逻辑和政策体现中，一方面，政治如何服务经济发展，另一方面，如何引导经济反哺社会。而文化资源的经济转换功能则显而易见是从经济范畴进行考察，也就是作为艺术的文化实现其经济效能。

---

① 王德刚.旅游学概论［M］.济南：山东大学出版社，2000：274.

② 王德刚.旅游学概论［M］.济南：山东大学出版社，2000：21.

③ 泰勒.原始文化［M］.蔡江浓，编译.杭州：浙江人民出版社，1988：1.

从这个角度看，文化与旅游的关系如下图所示：

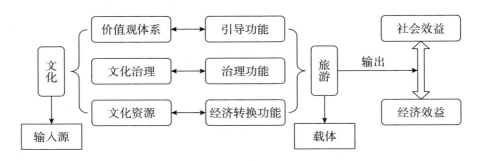

图 1　文化与旅游的关系

从上图可以看出，文化与旅游在宏观上的耦合性。从微观角度看，通过价值观体系的正向引导功能，实现旅游业内从业者和游客之间的有益互动，从业者为游客提供良好的旅游服务和产品，游客从旅游产品和服务中感知价值观，提升自己的文化内涵和行为方式；作为治理手段的文化一方面通过意识形态规定旅游业的发展导向，另一方面则通过多元参与的手段，开放旅游业治理主体准入门槛，为旅游业发展营造良好的政治社会环境。文化与旅游的融合通过政治与经济的合作，将政治治理目的通过旅游的经济途径来达成，从而形成社会效益与经济效益的互动。文化资源的经济转换功能是显而易见的，随着人们物质生活水平的提升、精神文化需求的不断增长，各类文化资源都能通过旅游业实现其经济价值。目前国内兴起的乡村休闲旅游、美食文化旅游都是对以往观光旅游的补充发展。文化以旅游业为载体，最终实现社会效益和经济效益相统一的结果。

2. 文化产业、文化事业和旅游业的价值互补

我国文化管理部门将文化划分为文化事业和文化产业两大类型。前者是指为社会公益目的、由国家机关或其他公益组织利用国有资产举办的、在文化领域从事研究创作精神产品生产和公共文化服务的公益性组织机构。而所谓文化产业是指从事文化产品生产和提供文化服务的经营性行业。但目前，文化与旅游的地方实践和理论发展主要集中在文化产业与旅游产业融合，包括文化创意与设计服务产业、演艺产业、动漫产业等经营性产业合作。但实际上，文化与旅游的融合不仅仅是经营性合作，文化事业也是与旅游业互为补充的。比如，文化旅游作为旅游分类之一，其宗旨在于提供旅客有关文化遗产与历史遗址的丰富知识。文化旅游业亦着重于历史真实性、遗迹保存以及参与当地的文化活动。这其实就需要旅游与文化事业的合作，比如说博物馆、文化馆、非遗传承中心等与历史文化遗产保护与传承的文旅融合。目前，也有一些学者关注到了这些层面，并且多以地方案例进行了文化事业与旅游业融合发展的可行性探析，且集中在地方特色文化资源在旅游业中的吸纳与转化。管萍认为山西非物质文化遗产资源价值丰富，山西省旅游业发展需要规划山西非遗旅游开发。山西非遗旅游价值的释放还需在非遗活态化、数字化和品牌化上努力[①]。韩彩霞等结合山西省古村落的分布特征，在现有旅游线路的基础上，以文化为切入点，重新制定出"点—线—圈"式的旅游规划布局，以热门旅游景点带动，以线形旅游景点串联，以圈形文化景点覆盖，施以完善的配套设施，稳步推进山西全域旅游模式，促进山西旅游市场的新发展[②]。何剑指出的侗寨传统体育文化与乡村旅游融合发展实属结合发展，并未做到真正的融合等，并提出打造传统体育文化与乡村旅游品牌、传统体育文化保护与乡村旅游开发统筹兼顾等相应的解决对策，旨为促进侗族优秀传统体育文化的保护与传承，拓展侗寨乡村旅游内涵，实现旅游扶贫，提供可靠的理论参考依据[③]。李雪认为吉林省历史资源与旅游文化产业融合发展要强化吉林省历史资源独特的地缘性、加深其与旅游产业的融合对接渠道，加大对历史文化资源的宣传；扩大区域间、行业间的旅游文化交流[④]。文化和旅游部的组建为更大范围上文化与旅游的融合提供了契机，文旅产业融合仍将是未来文旅融合的重要内容，但文化事业与旅游业的融合将成为文旅融合的重点领域。

从当前的文化体制上看，文化与旅游的融合发展还有很大的合作空间，国有

① 管萍. 从文旅融合看山西非物质文化遗产旅游开发［J］. 绥化学院学报，2019，39（5）：22—24.

② 韩彩霞，赵伟，葛文全. 山西古村落文旅融合模式探究［J］. 高等财经教育研究，2019，22（2）：91—94.

③ 何剑. 侗族传统体育文化与乡村旅游融合发展研究——以怀化皇都侗寨为例［J］. 体育科技文献通报，2019，27（4）：41—43.

④ 李雪. 吉林省历史资源与旅游文化产业融合发展研究［J］. 旅游纵览（下半月），2019（4）：140.

文化单位的文艺创作品、演艺作品以及传统文化保护与传承都能与旅游展开有效的深度融合，一方面可以丰富旅游业的文化内涵，提升旅游产品经济附加值，另一方面通过旅游业可以放大文化的社会效益，满足人们的精神需求和游客的文化获得感，提升社会治理水平。

3. 社会性与经济性的效益共生

文旅融合的价值耦合本质上是文化与旅游间的经济要素、政治要素和社会要素耦合，在我国的文化和旅游发展中体现为文化事业、文化产业与旅游业的深度融合，最终是为了实现社会效益与经济效益的和谐共生。作为综合性产业的旅游业，包含了行、游、住、吃、购、娱等多个关联性产业，其首要指标还是以市场数据为支撑，旅游业的经济价值不言而喻。同时，作为幸福行业之首的旅游业，在满足人们的精神文化需求上的价值也日益凸显，如何使游客在旅游的整体过程中感受文明的力量，获得更大程度的精神满足，刺激游客的消费欲望，提升游客在旅游消费过程中的获得感是当前旅游业发展的重点。

文化的非测量性阻碍了旅游业在文化获得感上的表达，潜移默化的文化教养效能和文明交流功能都缺失表达载体。但文旅融合，则可以以旅游业的评价体系与未来发展前景显示文化对旅游的支撑作用，作为文化与旅游经济效益和社会效益的表达路径，文旅有机融合能带给游客良好的旅游体验，经过口碑宣传能使更多的游客在旅游过程中感受文化的浸润。

文旅融合就是期望透过旅游展现文化的价值。经济效益与社会效益的获得并非必然冲突，合理的价值观体系导向甚至是经济效益提升的必备要素，同时以经济效益扩大社会效益也是社会全面发展的路径之一，经济效益提升是旅游业业态发展的必然产出。文化的有机融合既是经济效益持续提升的动力源泉之一，同时也是提升社会效益的必然手段，以文促旅、以旅载文就是实现社会效益与经济效益相统一。

三、文旅融合的效能耦合

文旅融合首先是价值的耦合，价值在现实中的反映就是文旅融合在效能上的耦合。根据现有的研究，文旅融合的首要效能集中在旅游业的经济效能，我们可以从当前各地旅游报表中旅游人次、游客消费水平、旅游经营性收入等内容上观察到文旅融合的经济效益，但经济效益的增长只是文旅融合期望效益的一个方面。从学科立场、文化和旅游部组建的社会性和产业融合的历史发展过程来看，文旅融合的社会效益是未来期望获得的重点，经济效益与社会效益的统一才是文旅融合在效益耦合上的根本追求。作为文旅融合的效益短板——社会效益，可以从未来社会发展的全面布局进行思考。尤其是随着全域旅游、乡村振兴战略、城乡一体化和公共服务均等化的推进，文旅融合在效能上可以体现为三个方面，一是促进文化的深度发展，以供给侧刺激需求的同时，反过来提升供给的质量；二是促进基础公共设施建设，实现文化和旅游的资源和资金在基层服务效能的彰显；三是促进城乡发展，实现城市资源和市场互补，促进城乡一体化发展。

1. 促进文化和旅游的深度发展

中国近代屈辱史和新中国成立以来的社会发展经验都印证了马克思主义基本原理中提出的生产力决定生产关系，经济基础决定上层建筑理论。1978 年党的十一届三中全会提出了"以经济建设为中心"的战略决策。随着我国生产力的不断提高，社会主要矛盾也从人民日益增长的物质文化需要同落后的社会生产之间的矛盾转变成为人民日益增长的美好生活需要和不平衡不充分的发展之间的矛盾。经济本位的价值观念的后果体现为社会转型过程中的剧烈动荡。社会和谐发展、科学发展、可持续发展的理念逐渐提出并受到重视。文化作为隐形的社会力量，往往被隐藏在权力支配关系中作为意识形态工具服务于政治目的。社会文化治理从政治面孔到社会面孔再到经济面孔的复合递推，体现了文化在社会发展中的功能变迁。

与此同时，旅游也到了提质升级的发展阶段。需求端群体扩大和需求变迁是旅游供给提质升级的重要原因。2018 年全国旅游报告指出我国旅游业历史性转变主要表现在：（1）从粗放型旅游发展向比较集约型旅游发展转变。（2）从小众旅游向大众旅游转变。（3）从景点旅游向全域旅游转变。（4）从观光旅游向观光、休闲并重转变。（5）从浅层次旅游向深层次旅游转变。为了满足升级的旅游需求，需要从提高旅游产品质量、优化旅游结构、增加旅游消费增长点同时做出变化。以往的旅游业以追求经济效益为主，以景点和自然风光作为主要旅游产品，旅游体验多是"上车睡觉，下车拍照"，旅游市场秩序颇多弊病，黑导游、黑旅店、强制购物的事件层出不穷，我国的旅游业质量一般，旅游业品质化提升是未来的发展方向之一。对旅游业产生重要影响的社会生产力提升表现就是互联网的出现，也就是现代旅游业的技术提升。这首先改变了旅游产品的传播路径，从以往游客"口口相传"的口碑传播到网络评价的转变，人们可以以旅游需求为核心，在网络上对旅游地进行网络调研，选择自己的旅游地，规划自己的旅游路线。这就对旅游产品质量提出更高的要求，相对于单纯观赏性的旅游产品，游客对于活化的旅游产品和高参与性的旅游产品更加青睐。不仅如此，网络营销通过对游客需求的撬动，不断制造各类旅游消费热点，在"网红旅游地"进行"打卡"等营销行为，激发了游客追逐潮流的旅游心理，同时也加剧了国内旅游业的竞争。因此在互联网技术的支撑下，旅游业最终要回归到产品和服务的价值挖掘上。

因此，作为人民美好生活需要的文化与作为精神满足路径的旅游业，二者融合的深度价值也逐渐凸显出来。存在于历史文物、书本、地方风俗、饮食习惯、节庆活动、非物质文化遗产中的文化将实现活化发展，通过文旅融合过程中的对文化资源的吸纳，通过现代科技和艺术手段转化为演艺活动、参与式体验，使游客体验到活态文化，发挥文化在素质教化、文化传承、文明交流中的影响力。同时，文化事业单位和国有演艺集团通过对优秀文化资源的专业研究，向旅游市场输送高质量的优秀文化产品，既丰富了旅游市场的作品，同时也发挥了文化的现实影响力。同时旅游业与其他行业的融合发展，可以使更多主体和资本参与到文化资源的转化过程中，全方位推动文化的深入发展。文化是旅游提质升级的关键，旅游是文化价值的外显载体。

2. 补齐公共文化服务短板

文旅融合不仅是产业融合、理念融合、效益融合，同时还包含基础设施融合和服务融合。从文旅的基础设施融合与公共文化服务角度看，2018 年 11 月 15 日，文化和旅游部、国家发展改革委等 17 部门发布了《关于促进乡村旅游可持续发展的指导意见》，2019 年 1 月 23 日又联合印发《加大力度推动社会领域公共服务补短板强弱项提质量，促进形成强大国内市场的行动方案》（发改社会〔2019〕0160

号），前者提出要完善乡村旅游基础设施，完善乡村旅游公共服务体系，后者提出要完善重点地区旅游基础设施、推进多种旅游业态发展，公共文化服务成为文旅融合的集合域。乡村地区作为公共文化服务的"最后一公里"，其公共文化服务普遍存在供给不足、质量不高、利用率不足等问题，文旅融合下的基层公共文化服务设施建设，既能从多渠道增强基层公共文化服务的供给内容和供给质量，也能提升基层公共文化服务设施的利用率，以市场补社会的同时以扩内需增市场，实现公共服务的短板补齐、弱项增强和质量提升。乡村旅游是发展文旅服务融合中基础设施融合的着重点。

从文旅服务融合的领域看，文化、旅游和公共服务之间具有一定的重合地带。马振涛认为服务融合是文旅融合的内在黏合剂，也是落实文旅融合的重要抓手和"试金石"[①]。其实在各地的旅游体验中，本地的博物馆、美术馆、科技馆、纪念馆等公共文化服务的场馆都兼具为本地居民提供公共服务和为游客提供旅游服务的功能。除此之外，金龙也指出研学旅游既是一种教育和学习方式，又是一种阅读方式，与公共图书馆的社会教育和阅读推广职能具有内在的一致性[②]。以参与、体验教育为目的的研学旅游其实是和公共文化服务体系建设、乡村旅游、红色旅游等内在契合，也是文化、旅游和服务重叠的重要区域。除此之外，任何以文化知识获得感、艺术获得感为旅游目的旅游体验，都与公共文化服务密切相关，以政府为主导部门提供的公共文化服务代表着官方的、权威的、专业的服务供给，社会力量参与公共文化服务供给能够将现代技术手段和民间文化资源、非物质文化遗产等转换为公共文化资源和供给路径，满足游客的公共文化服务需求和旅游需求。

从公共服务的地区不均衡角度看，乡村地区公共文化基础设施和服务都是薄弱项，国家公共文化服务体系示范区创建工作的开展，一方面展示了当前乡村地区公共文化服务的弱势地位，同时也表明了国家对公共文化服务体系尤其是乡村公共文化服务体系建设的重视。城市地区的公共文化服务体系完善、质量较高，

---

① 马振涛.创新体制机制促进文旅公共服务融合［N］.中国旅游报，2019-01-28（3）.

② 金龙.文旅融合背景下公共图书馆研学旅游服务创新策略［J］.图书馆工作与研究，2019（5）：123-128.

但由于文化需求刺激不足，仍然存在资源吸纳力不足和利用率不高的问题，通过树立全域旅游和乡村旅游观念，在文旅融合的契机下，吸纳对文化和旅游基础设施和服务的投资，以供给侧刺激需求，扩大消费，以旅游增强公共文化服务的服务能力，助力公共文化服务宣传，刺激公共文化服务需求，满足人民的文化需求和游客的旅游服务需求。

3. 助力城乡社会发展

党的十九大报告提出乡村振兴战略，2018 年，国务院发布了《乡村振兴战略规划（2018—2022）》，2018 年为深入贯彻落实乡村振兴战略规划，推动乡村旅游提质增效，促进乡村旅游可持续发展，加快形成农业农村发展新动能，文化和旅游部、国家发展改革委等 17 部门发布了《关于促进乡村旅游可持续发展的指导意见》，指出乡村旅游是旅游业的重要组成部分，是实施乡村振兴战略的重要力量，在加快推进农业农村现代化、城乡融合发展、贫困地区脱贫攻坚等方面发挥着重要作用，要促进乡村旅游区域协同发展。乡村旅游作为城乡融合的重要路径之一，通过区域间旅游资源、客源、需求对接，同时加大城市对乡村的人才和智力支持。

城市和乡村地区的发展借助文旅融合形成利益共享区域。乡村作为农耕文明和乡土文化的集中地区，显现着我国各族、各地区最原始、质朴和生动的风土文化。乡村地区作为我国传统农耕文明的发源地，富含丰富的农耕文化、红色文化、传统优秀文化、非物质文化遗产等文化资源。但长期以来，农业是农村地区的主要发展产业，但土地流转开展后，工业发展借助农村土地资源和低人力资源成本，农业村变工业村，但农业经济效益产出低、工业生产中农民获益低，加上农村地区人口外向流动多，农村地区的发展仍然面临着困境。从文化角度来说，在日益个体化的乡村社会，人口外向流动和人口老龄化使村民共同参与公共事务的频率降低，公共精神的消解一方面造成了乡村文化资源被浪费，传统优秀文化资源被抛弃，农村伦理混乱等现象；另一方面，保留的乡村优秀文化面临着传承断裂的问题，尤其是凸显地方风情、地区文化、民族风情的非物质文化遗产都面临着后继无人、青黄不接的现象。城市作为现代化的产物，代表着工业的发达、科技的发展和文明的进步，是现代文化的集中表达区。而城市地区的居民在城市化的进程中，较早与农业生产和农业文化脱离，也承担了更多的压力。现代文化体验方式——博物馆、图书馆、文化馆、演艺剧场等成为常规性生活方式，对农村地区休闲文化、自然风光、民俗风情的向往成了他们的文化新需求，他们更愿意到农村地区进行更具差异化和个性化的生活体验。所以城乡文旅融合最直观的后果就是，城乡融合通过以城带乡，以工返农的方式，实现乡村文化旅游资源与城市客源的对接，既满足城乡居民的精神文化需求，同时也为乡村振兴战略的实施提供了基础设施、文化活动、乡风文明、产业发展等振兴路径。乡村旅游资源和城市旅游客源需求形成了供需对接，再加上现代技术的进步，交通通讯水平的提高、互联网的广泛应用都大大减轻了游客出行的时间和经济成本。湖南广播电视台制作了《向往的生活》《哈哈农夫》《爸爸去哪儿》等一类由明星体验乡村、展示乡村慢生活的类旅游节目，成为刺激和吸引更多人们尤其是年轻人到乡村地区感受自然风光、民族风情和特色美食的"营销"手段。

通过探索乡村振兴路径，实现全面、系统的发展的乡村地区不再是与城市相对而言的落后地区，而是具有地方特色的生活区域，乡村旅游成为城乡居民交往的有效途径。同时，现代城市中的文化风情和旅游设施也是乡村农民渴望去体验和感受的，尤其是具有政治象征的北京，是广大生活在农村的父辈最渴望去体验的旅游城市。伴随着农村生产水平和生活方式的改善，乡村人民成为城市旅游的重要客源。在一定程度上而言，城乡的区隔为城乡居民提供了互动的旅游市场；究其本质，乃是因为城乡区隔造就了两种不同的文化生活样式，彼此之间产生了某种文化吸引力。总之，城乡文旅融合可以促进城乡之间资源和客源互补、良性互动、互助合作，为城乡一体化发展提供有益路径。

四、文旅融合的路径耦合

文旅融合的价值耦合和效益耦合，为文旅融合提供了合法性和合理性论证，那么路径耦合则是为文旅融合提供可行性论证。在路径方面，如何实现文化与旅游的有机、深度融合，发挥文旅融合的理性价值和社会效益是当前文旅融合必须思考的内容。

1. 文化理念注入，发挥文化要素的治理效应

不管是作为文明的文化，还是作为知识的文化抑或是作为精神的文化，都显示了文化对人、制度和社会的巨大影响力。文旅融合的首要路径就是将文化理念注入旅游之中。什么是文化理念呢？就笔者的理解而言，文化理念是要发挥文化的正向价值导向和实践取向功能，更具体的表达就是价值观和文化治理理念。前者充分体现了作为价值观的文化对行为的引领作用，而后者则反映的是文化在政治、社会、经济等方面的治理效能。

不同领域协调发展是社会发展的重要支撑，但缺少了价值观的引领，社会也就失去了发展导向。塞缪尔·亨廷顿在其编著的《文化的重要作用：价值观如何影响人类进步》一书中收列了一系列相关的文章，主要探讨的是主观意义上的文化如何影响到各个社会在经济发展和政治民主化方面取得进步或未能取得进步，其成败有多大，又是怎样形成的[①]。一个社会的文化有增进或抑制经济和政治发展的作用，不同国家、地区、种族、身份群体都有属于自己的文化体系，在不同的历史情境和政治引导下，会产生不同的社会影响效果。从中我们可以感受到，价值观的正向性、正确性以及与所属国家、地区、群体内部文化的契合性，是价值观正向促进人类社会发展的要素之一。

就我国而言，社会主义核心价值观是社会主义核心价值体系的高度凝练和集中表达，是国家、社会、个人的价值目标和准则。如前所述，文旅融合在价值上是耦合的，这种耦合性就在于其政治、经济和社会效益的统一性上，社会主义核心价值观无论是从我国的历史还是当前的全球化背景下，都是符合人类社会和我们国家发展的目标和需求。更具体而言，社会主义核心价值观既是我们国家在政治、经济、社会中所追求的目标，同时也是国家、社会和个人在实现这些目标时所应具备的素质。社会主义核心价值在文旅融合中的作用就是为作为处于社会主义初级阶段的现代民族国家塑造一个统一的国家、社会和个人目标，同样也为政府工作人员、旅游从业人员、文艺从业人员、艺术创作人员、城乡居民等供给统

---

① 亨廷顿，哈里森．文化的重要作用价值观如何影响人类进步［M］．程克雄，译．北京：新华出版社，2002：8.

一的行动准则。

文旅融合的首要实施主体仍旧是党和国家在文化和旅游发展上的意志表达，更具体来说是文化和旅游部门的具体职责。文化和文化治理往往具备政治的面孔，因为一定时期的文化观念总是服务于统治阶级的利益，并为阶级统治提供合法的意识形态支持。进入现代以后，文化治理的社会面孔越来越重要，并日渐渗透于社会的每一角落乃至意义和价值领域。如今，文化治理又日渐深入到产业发展之中，常常以其经济面孔示人，许多国家都把文化直接视为经济增长的一个驱动力，表征为一个国家的软实力①。把握、理解和利用文化治理的三张面孔，是做好文旅融合所必备的知识点，我们必须清醒地认识到文化作为治理要素在政治、社会和经济上的功能和价值。尤其是在当前文化产业迅猛发展的今天，我们更应该认识到被经济裹挟的文化，沦为了经济的附庸，文化消费主义的发展掩盖了文化本身的价值和意义。因此，不管是作为治理术的文化，还是作为软实力的文化，都表达了文化在政治社会中的重要地位，尤其是在对外和对港澳台旅游交往的过程中，旅游是文化交流的重要渠道之一，国家需要文化塑造统一的价值追求和行动逻辑，在国家利益与个人利益相统一的前提下实现国家利益的最大化，这就是我们期望实现的文化在文旅融合中的治理效应。

2. 打造文化品牌，发挥产业聚合效应

当前我国旅游业的宣传还是以景点特色为主，全域旅游时代的开启、各类特色旅游崛起，使得旅游业面临更加严峻的挑战。品牌凝聚着产品的价值、定位、形象，是消费市场中产品识别渠道。旅游业也同样需要品牌来塑造自身，目前，旅游电商渠道包括去哪儿网、携程网、马蜂窝、飞猪、途牛等多个网络品牌。2005年，中央电视台全面实施品牌化战略，国家品牌计划中也有部分城市推出自身的旅游品牌，以期望获得更好的市场营销效果。国家品牌除了营销目的外，还代表了一种国家权威性，是一种品质保证。在全域旅游的背景下，由省级政府或政府间以地方旅游特色为重点推出文化旅游品牌将会是一项有益的尝试。旅游品牌要彰显自身的文化特

---

① 吴理财.文化治理的三张面孔［J］.华中师范大学学报（人文社会科学版），2014，53（1）：58-68.

色，避免同质化竞争，要进行更加生动的形象展示，吸引游客。比如，上海市被普遍称之为"魔都"，上海市是国内重要的二次元文化产业聚集地，举办了很多二次元活动，吸引了很多二次元爱好者到上海进行旅游消费。实际上由于地理位置、历史发展、民族宗教、生态发展等因素，不同地区文化各有特色，作为旅游体验的主要内容，文化品牌将是旅游品牌打造的有力手段。

通过文化品牌的打造，发挥产业的聚合效应。具有自身特色文化品牌的旅游产品，更容易在旅游市场中被识别出来，也更容易成为投资商和游客的选择。旅游业是一个综合性产业，一旦有了自身的文化品牌，就可以在旅游食、住、行、游、娱、购中添加自己的文化元素，发挥文化对不同产业的聚合效应。故宫博物院在文化品牌塑造上成功之处值得借鉴，故宫博物院发布了多个"现象级"文化创意产品，通过与美妆行业、电商行业和餐饮行业等的合作，将故宫中陈列的历史文化融入民众的生活之中，拉近了与民众的距离，充分发挥了优秀历史文化资源实现经济效益与社会效益相统一的功能。

在当前的市场竞争环境下，旅游产品想要获得市场的青睐，首先要有品牌作为产品价值和特色的表达，品牌同时也包含着品质、服务等一系列的内容。不管是作为政府经济发展产业的旅游，还是作为企业产品的旅游，都应该树立品牌意识，尤其是在现在市场营销手段层出不穷的情况下，品牌更是产品宣传过程中的辨识焦点，以好的产品加好的宣传，更能吸引游客体验和消费。

3. 引导多元参与，发挥政府、社会与市场的互补效应

文旅融合绝不仅仅是文化和旅游部及其下下属各级行政单位的工作内容，文化与旅游的深入融合需要社会各界的广泛参与和支持。政府作为各地区文化和旅游工作的指导部门和规划制定部门，对文旅融合负有价值导向的重要责任；在文旅融合的深度开展中还承担着文化与旅游间具体的牵线搭桥的功能；在文旅融合的时间中，承担着资本和市场监管作用。但如果仅仅依靠政府来促进文旅融合的话，往往容易出现对文旅融合干预不当、监管不力、投入不足等政府失灵的现象。同样的，资本对经济价值的敏感度决定了他们在文旅融合中的重要作用，市场在资源配置中起决定性作用，但同时市场经济存在着盲目性和自发性，容易出现市场失灵，一味地追求经济产出，忽视文旅融合过程中的社会效益和生态效果。

随着国家治理能力和治理水平现代化的不断提升，治理的话语在全社会普及开来，治理的内涵也逐渐被理解，公众的参与意识也不断增强，文旅融合需要地方民众、专业研究员、政策研究院、社会组织、演艺团体等社会主体的参与。文旅融合面向的是以游客为主的社会，从民众到游客之间的身份转变过程中，文旅融合的环境、内容、形象都是先被社会所感知的。在文旅融合中，要树立对接民众需求的高质量供给意识，以社会评价作为文旅融合产出的评价指标体系之一。

因此，在文旅融合中，要坚持政府、市场和社会之间互相弥补的多元参与路径，充分发挥各主体在文旅融合过程中的优势，避免各主体单独行动时会产生的弊端。在文旅融合的价值导向、资本介入、融合内容、融合模式、效益产出中，要摆正各主体的立场和角色，构建主体协调联动机制，充分发挥各主体的优势功能，实现文化与旅游的有机融合，避免低俗化、低质化和同质化的旅游产品。

文旅融合是未来旅游业的发展趋势，也是文化焕发生机的一个重要途径。文旅融合的政治、经济、社会价值性耦合，促进文旅深度发展、补齐公共服务短板，促进城乡融合等现实效益性耦合以及价值观引领、文化治理和多元参与等路径耦合。以往文化与旅游产业间合作为文旅融合的深度开展奠定了基础，但由于没能破除体制性障碍，文旅合作始终停留在具体领域和部分层面上，缺乏有机性。随着技术和观念的变迁，已经有部分地区、部分景点走在了文旅有机融合的前列，验证了文旅融合效益统一的目标。在此基础上，未来全域旅游、乡村旅游等全面开展，将促进文旅融合实现由点及面、由静态到动态、由机械到有机之间的深度融合。

新时代文化和旅游融合的内涵建构与模式创新

——以甘肃河西走廊为中心的考察①

傅才武　申念衢②

促进文化事业、文化产业和旅游业的融合发展，一直是国家文化政策的重要内容。近年来，国家陆续出台了多项相关政策，文旅融合的趋势不断加强。2018年3月文化和旅游部的设立从组织和管理上进一步推进文化和旅游的融合。

当前学界对文化与旅游融合的研究，主要还停留在文化与旅游融合的价值阐发层面上。如，戴斌提出对旅游资源的传统理解虽然有文化视角，但仍有其局限性，新时期更需要借助市场观念和产业思维来推进发展③。刘丹萍、保继刚研究了"符号性消费"行为对旅游地的社会建构意义④。朴志娜、吴必虎等从文化心理学的角度，提出游客不断更新及变化的地理想象会不断影响游客的重游行为，多次旅游经验还会持续丰富他们对目的地的地理想象⑤。魏小安认为旅游革命是基于交

---

① 本文是国家社科基金艺术学重大项目"乡村振兴战略中的文化建设研究"（18ZD24）成果之一。

② 傅才武，武汉大学国家文化发展研究院院长、教授。申念衢，武汉大学国家文化发展研究院硕士研究生。

③ 戴斌．开创文化和旅游融合发展新时代［J］．新经济导刊，2018（6）：51-56.

④ 刘丹萍，保继刚．旅游者"符号性消费"行为之思考——由"雅虎中国"的一项调查说起［J］．旅游科学，2006（1）：28-33.

⑤ 朴志娜，江扬，吴必虎，等．国际游客对中国的地理想象构建与旅游动机［J］．旅游学刊，2018，33（9）：38-48.

通革命、技术革命与消费革命①，应在体验经济背景下研究旅游情景规划与项目体验设计②。

在动因、机制、模式、路径等问题上，学者们主要从产业融合的角度进行研究。如田里等将旅游产业融合定义为旅游产业内不同行业或旅游产业与其他产业之间相互渗透、相互交叉，从而导致旅游产业进一步升级或催生新产业、新产品、新业态的动态过程，由此构建出旅游产业融合研究框架（TAE 研究框架）③。江金波以广东佛山陶瓷工业旅游为例，阐明各动力在融合系统建构中的作用方式、途径和功能，阐述推动旅游产业融合整体动力系统及其驱动机制④。侯兵等从物质维度、时间维度和区域维度三重视角，通过资源利用、整合路径和评价指标三个方面，构建关于文化旅游空间形态的分析框架⑤；他还针对传统文化旅游发展模式的不足，提出构建"战略—文化—组织"的三维协同体系，以形成文化旅游区域协同发展路径⑥。

在融合效果的研究上，学者们主要采取定量分析进行测评，如王琪延等采用RAS 法编制 2010 年北京市投入产出表，通过分析产业关联性揭示北京市旅游业与文化产业融合现状⑦。侯兵等以长江三角洲地区为例，利用熵技术确定各指标权重，借鉴耦合度模型构建融合发展模型，对 16 个城市 2010—2014 年文化产业与旅游产业发展水平及两者融合发展情况进行测度分析⑧。郭鹏等借助ArcGIS10.0 工

① 魏小安. 第四次旅游革命［J］. 旅游学刊，2018，33（2）：11-14.

② 魏小安，魏诗华. 旅游情景规划与项目体验设计［J］. 旅游学刊，2004（4）：38-44.

③ 田里，张鹏杨. 旅游产业融合的文献综述与研究框架构建［J］. 技术经济与管理研究，2016（9）：119-123.

④ 江金波. 旅游产业融合的动力系统及其驱动机制框架——以佛山陶瓷工业旅游为例［J］. 企业经济，2018，37（5）：5-13.

⑤ 侯兵，黄震方，徐海军. 文化旅游的空间形态研究——基于文化空间的综述与启示［J］. 旅游学刊，2011，26（3）：70-77.

⑥ 侯兵，黄震方. 文化旅游实施区域协同发展：现实诉求与路径选择［J］. 商业经济与管理，2015（11）：78-87.

⑦ 王琪延，徐玲. 基于产业关联视角的北京市旅游业与文化产业融合研究［J］. 经济与管理研究，2014（11）：80-86.

⑧ 侯兵，周晓倩. 长三角地区文化产业与旅游产业融合态势测度与评价［J］. 经济地理，2015，35（11）：211-217.

具，采用核密度估计法对欧亚非三大洲 65 个国家旅游资源和旅游经济的空间格局特征进行分析，在此基础上构建丝绸之路国际旅游经济带的合作模式[①]。曲景慧从产业综合实力、经营收入、人才机构角度选择 20 个产业融合评价指标，采用耦合协调模型对中国 7 大区域（31 个省级行政区划）的文化产业与旅游产业融合时空变动轨迹进行了分析[②]。翁钢民等以全国 31 个省市区 2005—2013 年旅游与文化产业的相关数据为依据，运用耦合协调度模型和空间数据分析方法，分析中国旅游与文化产业融合发展的耦合协调度和空间相关性[③]。

在"文化是旅游的灵魂，旅游是文化的载体"成为普遍共识的环境下，新形势下如何促进文化与旅游的深度融合，既是文化旅游学界必须回答的理论课题，也是转变旅游发展方式的必然要求和根本途径[④]。尽管学界在文化与旅游融合的研究上成果迭出，对文旅融合的各种路径和融合形态的研究成果较多，但对文旅融合的内在逻辑和政策路径研究成果仍然不多见。尤其是对新时代"文旅体用一致"的新特点及其对管理体制和政策的影响等问题讨论不多。本文以甘肃河西走廊为中心，结合 2015 年文化部、财政部实施的国家文化消费试点城市的经验案例，深入探讨文化和旅游融合的新模式和新特征，旨在讨论文化旅游管理的创新思路问题。

一、新时期文化和旅游行业从"体用二分"进入到"体用一致"的新阶段

长期以来，中国文化市场和旅游市场上的主流观点是"以文化为魂，以旅游为用"，"以文化为内涵，以旅游为渠道"。因此在人们的观念中，文化是形而上的，

① 郭鹏，董锁成，李泽红，等.丝绸之路经济带旅游业格局与国际旅游合作模式研究［J］.资源科学，2014，36（12）：2459–2467.

② 曲景慧.中国文化产业与旅游产业融合发展的时空变动分析［J］.生态经济，2016，32（9）：129–134.

③ 翁钢民，李凌雁.中国旅游与文化产业融合发展的耦合协调及空间相关分析［J］.经济地理，2016，36（1）：178–185.

④ 刘云山.文化是旅游的灵魂——在2010博鳌国际旅游论坛上的主旨演讲［J］.今日海南，2010（4）：6–8.

是事业性质的；旅游是形而下的，是产业属性的。如 2009 年 9 月文化部与国家旅游局联合发布的《关于促进文化与旅游结合发展的指导意见》提出"文化是旅游的灵魂，旅游是文化的重要载体"①。

相对于"文化为魂，旅游为用"的传统观念，新时期文化和旅游领域逐渐从"体用二分"过渡到"体即用""用即体"的"体用一致"的新阶段。这种变化主要是随着改革开放以来中国经济社会的高速发展、人们生活水平提高即社会高级化进程的来临，人们的文化需求层次逐步提高所致。根据马斯洛需求层次理论，在低层次需求上，人们的生产和生活活动主要以满足生理需求和安全需求为主，这一阶段的旅游活动也主要以调整身心和恢复体力等功能性目标为主，个体的文化体验和旅游体验可能交叉但不重合，因此，这一阶段个体的文化活动与旅游活动可以"两分"。但一旦进入需求的高层次，旅游者个人的旅游体验即与文化体验融为一体，文化活动与旅游活动相重合，二者变得密不可分，因此文化和旅游活动"互为体用"。2018 年 12 月 10 日，文化和旅游部部长雒树刚出席 2018 旅游集团发展论坛并发表主旨演讲，他引述习近平总书记对于文旅融合的指示："旅游集物质消费与精神享受于一体，旅游与文化密不可分。旅游业发展与精神文明建设密切相关，相辅相成、互相促进"。在这一背景下，整个旅游行业的认识也在发生变化："随着人民生活水平和知识层次的不断提升，文化和旅游更加密不可分。旅游不再是初级阶段简单地走马观花，看山看水，而是赏山赏水品文化，同时走出门旅游更是人们拓宽视野、闲情逸致的行为。""文化和旅游融合发展不是简单相加，而是有机融合，不是简单的物理叠加，而应是有机的化学反应"。

我国学界的一些学者敏锐地感觉到文旅融合过程中本质属性的变化趋势，并对文化与旅游的关系给了新的定位。如谭颖、王君正等提出"旅游与文化实质上是一致的"②、"文化与旅游的深度融合，是由两者的本质属性所决定的"③。黄萍提出文化产业与旅游产业共生互融，已成为我国新时代经济高质量发展的新动

① 王兴斌．辨析文化与旅游关系的几个说法［N］．中国文化报，2018-12-08（7）．

② 谭颖．从旅游与文化关系谈旅游文化产业的发展［J］．商业时代，2011（1）：118-119．

③ 王君正．如何实现文化与旅游的深度融合［J］．人民论坛，2011（S2）：70-71．

能 ①。曾博伟认为应摒弃过去那种"文化是事业强，产业弱；旅游则是产业强，事业弱"的理念，将产业和事业的关系协调起来发展，这即是基于文化旅游融合发展趋势对于管理体制的要求 ②。

新时期文化旅游活动日益成为普罗大众的日常，旅游活动空间和消费场域也从狭义的旅游景区走向整个目的地（"全域旅游"）。统计数据显示，2018 年前三季度国内旅游人数 38.07 亿人次，国内旅游收入 3.44 万亿元，同比分别增长 10% 和 12%。90% 以上的游客参加了文化活动，78.3% 的游客在文化体验上的停留时间为 2 天以上 ③。研学旅行、科技旅游、养老旅游、定制旅游等新需求的提出和新产品的开发推广，推动中国旅游业向专业化和高级化发展。公共博物馆免费开放，高速公路节假日免费通行，旅游业发展环境更加优化。这为文化和旅游的融合发展提供了环境和条件上的支持。

这种旅游业态的变化，是中国社会经济发展驱动的结果，也受到人口素质结构性变化的深刻影响。2000—2010 年，我国具有大专及以上受教育程度人口年均增长率9.63%，极大地改变了我国人口文化素质的结构和水平④。随着人口素质的结构性提升，人们对客观对象的主体化能力相应增强，对于客观物体的价值认识就更加多元和深刻，人文景观、自然风光、生态资源等旅游体裁所承载的多种价值，能够更多地为被人们所感知并被利用，正是这种"主体的价值认知能力"的增长与旅游活动的大众化普及的双向互动，推动了文化和旅游深度融合的进程。

马斯洛需求层次理论表明，人与动物的根本区别是人不仅需要物质的满足，更需要精神的满足。越高的需求层次所包含的精神文化需要就越多，人类需求层次提高的表现就是对文化产品消费的增加。随着生产力的进步，社会呈现出一种

---

① 黄萍.以文化和旅游产业的深度融合推动新时代经济高质量发展［J］.四川省干部函授学院学报，2018（3）：1-5.

② 曾博伟.公共文化与文化旅游产业融合发展的十条建议［EB/OL］.［2018-06-05］. https://mp.weixin.qq.com/s/kDWEYMRajql5s_HvLnTtTQ.

③ 文化和旅游部部长雒树刚谈"文旅融合"：宜融则融，能融尽融，以文促旅，以旅彰文［EB/OL］.［2018-12-11］. https://mp.weixin.qq.com/s/pG2C1i3-iARgRi_CHgstTQ.

④ 我国国民整体受教育水平进一步提高［N］.中国信息报，2012-04-12（1）.

"贫困社会—温饱型社会—小康型社会—全面小康型社会"高级化发展进程。在该进程中，物质产品不断丰富，文化产品和服务的有效需求加速扩大。进入 21 世纪，先进制造技术、互联网技术、大数据管理技术等新兴技术极大地提高了社会劳动效率，劳动者在同样劳动时间内可以获得更多收入，或者在获得收入不变的情况下劳动时间减少而可供休闲的时间增加，休闲时间的增长，为劳动者提供了充分参与文化活动的基础条件，而不断富裕的社会开始从满足人们的基本生存需要转向满足人们自我实现需要。

社会高级化进程带来的需求升级在文化旅游中表现为文化旅游的体验升级（图 1），体现为从"表层文化体验—中度文化体验—深度文化体验"的升级过程。国际客户体验管理专家伯德·施密特（Bernd H. Schmitt）认为顾客体验是顾客对某项刺激产生的个别化感受，他从心理学角度提出了战略体验模块理论（strategic experiential modules，SEMs），以此来形成体验式营销的构架，并将体验营销应用到旅游体验的研究中：旅游体验由感官（Sense）、情感（Feel）、思考（Think）、行动（Act）和关联（Relate）五个体验模块构成。感官体验是指"通过视觉、听觉、嗅觉、触觉以及味觉等不同刺激，来创造个体知觉体验的感觉，从而获得愉悦、放松、兴奋与满足，进而触发消费动机，提升产品的价值"；情感体验是指"通过诱发或触动个体内在情感或情绪，使得产品或品牌与其正面的心情相联系，从而产生快乐、骄傲、兴奋等情绪与心情"；思维体验是指"通过引起兴趣、好奇、惊讶等方式，激发个体集中或分散思考的过程，使个体对其产品与体验进行重新评估"；行动体验是指"通过身体体验，指出做事的替代方法、生活方式等，来丰富与拓展个体的生活，从而达到影响其有形体验与生活形态的目标"；关联体验是指"通过创造独特的体验使个体产生或加强与群体的关联与归属感，展示理想中的自我，实现自我认同和群体的归属，实现个人与理想自我、个人与他人或个人与文化的关联等"[①]。战略体验模块（SEMs）通常分为个人体验和共享体验两类：前者是消费者在其心理和生理上独自的体验，

---

① 刘静艳，靖金静 . 宗教旅游体验对游客行为意向的影响研究——游客心境的中介作用 [J] . 旅游科学，2015，29（3）：36-48.

如感官体验、情感体验和思维体验；后者则是必须有相关群体的互动才会产生的体验，如行动体验与关联体验。

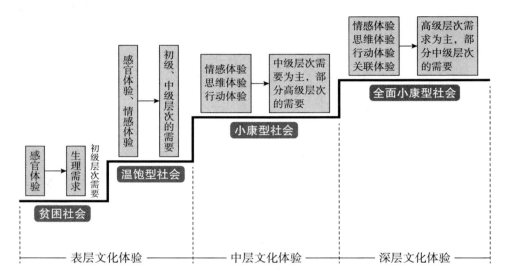

图 1 社会高级化进程中文化旅游的体验升级

表现在文化旅游领域，在贫困社会及温饱型社会阶段，人们为维持基本生存要耗费几乎全部精力，人类学研究证明，这一时期人们主要的文化活动是以原始宗教或者宗教、准宗教的形成呈现，"宗教朝圣"中通过对游客进行有特色的视觉、嗅觉、听觉、味觉等不同刺激，来创造个体知觉体验中放松、净心与满足的感觉，同时通过触动游客内在的对宗教旅游的情感，产生庄严、神圣、崇拜等情绪。"宗教朝圣"也包含了沿途观光、怀旧等旅游价值，但宗教体验作为一种深度的精神体验，事实上与我们当代人所谓的"旅游体验"关系不大。进入小康型社会，人们对于文化旅游的需求逐渐凸显，人们不仅仅满足于传统"走马观花"式的观光旅游带来的感官体验与情感体验，开始转向深层次的"怀旧游""文化游""科技游"等思维体验与行动体验，在游览中激发兴趣与思考，甚至不断调整着自身的生活方式与形态，进入到中度文化体验的层次。在目前中国处于向全面小康型社会发展的阶段，人们对文化产品和服务的需求呈爆发式增长，在新式旅游中，物质元素（如价格）对旅游者旅游决策的影响程度渐渐让位于非物质元素即文化观念、审美心理需求和社交需求等因素的影响①。关联体验的加入让文化旅游跳出了传统的意义，游客在文化旅游的过程中获得群体归属与自我认同，进入到一种深度文化体验层次。

提出"体验经济"理论的学者约瑟夫·派恩（B. Joseph Pine Ⅱ）和詹姆斯·吉尔摩（James H. Gilmore）认为，世界经济应该是从产品经济到服务经济，然后到体验经济。体验经济基于发达的服务经济，可以视作继农业经济、工业经济和服务经济阶段之后的第四个人类社会的经济阶段，即服务经济的延伸。消费者的需求发展经历了从"量的满足时代"到"质的满足时代"，再到"感性满足时代"。在第三个阶段，产品被符号化并被注入情感元素，进入到一个所谓"文化化"的过程，成为吸引和引导特定人群注意力继而满足其消费心理体验的载体，在消费标签化的社会，消费行为成为个人存在和价值的体现与证明②。从旅游者心理需求的特征来看，文化旅游作为一种不断深化的心理需求和情感需求，将越来越聚焦于人性的关怀与自身主体性的拓展和丰富。

进入到文化和旅游"体用一致"的新阶段，不同于"文化是内容、旅游是载体""体用二分"阶段的特征是，借助旅游者自带的价值系统，文化体裁与旅游体裁之间形成了"相互赋值"的过程——"我的眼中的世界具有意义，是因为有记忆的背景"③。每个旅游者都是某个文化系统的成员，从其一出生就受到"母文化体"的感染和同化，事实上不存在一张白纸的个体。旅游者所自带的文化价值系统，构成了旅游体裁价值特征的初始条件，旅游景区、景点正是因为有了这些自带文化价值观念的旅游者，才被赋予了不同的价值和意义。旅游者素质整体提升所出现的新需求，成为推进新时期文化和旅游融合发展的内在动力。

————————

①② 傅才武，申念衢. 注意力稀缺背景下文化旅游景区管理模式的优化策略——基于武当山景区与峨眉山景区的比较［J］. 兰州大学学报（社会科学版），2018，46（3）：49-58.

③ 北京：北京大学出版社，阿斯曼. 文化记忆 早期高级文化中的文字、回忆和政治身份［M］. 2015：135.

二、"文旅一体化"新阶段文化与旅游融合过程中的内涵建构：以河西走廊为例

在文化与旅游的"二分"阶段，文化和旅游部门分途发展，旅游者在历史回忆、审美怀旧等情感体验层面上实现统一。进入"文旅一体化"新阶段，旅游者的文化旅游体验进入情感体验、审美体验、联想体验和行动体验的综合一体的层面，在中华民族代代相传的文化价值观的牵引下，这种体验被归结到对中华民族文化共同体的文化认同上。对旅游者来说，个体的文化旅游体验既受到其自带的中华文化价值观的牵引，又受到旅游项目中文化记忆"装置"的激发，从而完成其自身文化身份的确证和重建过程。

1. 河西走廊：族群文化记忆借助文化空间被"唤醒"

河西走廊地区位于甘肃省西部，地处西北干旱、半干旱区内陆河流域，东起乌鞘岭，西至玉门关，南依祁连山和青藏高原，北连巴丹吉林沙漠和腾格里沙漠，狭长如走廊状，处黄河以西，故得名。相对于内地全域旅游，河西走廊的人文地理与历史记忆共同形成的全域性旅游资源，具有文化旅游体裁的典型性。该地区既有大漠、戈壁、绿洲、草原、湿地、雪山等壮美苍凉的自然风光，又具有众多的历史文化遗迹，古道、驿站、雄关、城堡、烽隧、佛寺、石窟、古长城和古墓葬等文化遗产。其独特的地理空间和历史文化遗存，组成了中华民族独特的"文化记忆空间"，它是由历史事件、历史叙事与固定地理空间相融合，"过去"与"现在"共存于一体的文化空间。

河西走廊不仅是地理空间，更是"意义空间"，在这一空间内，文化的价值和意义以一种"历史文化记忆"的方式存在。在这种由文化记忆和地理空间共同建构而成的旅游景域内，对历史的回溯与再现（"回忆"）、文化认同（"文化共同体想象"）和文化的创造性转化及创新性发展（"文化传承"）之间形成了"象征意义体系"，将置身于这一"意义空间"的旅游者个体和其所处的文化共同体连接在一起，从而突破了个体对所属文化共同体的"集体无意识"局限，将旅游者自身与文化共同体连接起来，将昨天与今天连接起来，从而创造了个体自身文化

身份的认同，这既是自然人文景观促进旅游者生发文化认同的过程，也是文化旅游融合的内涵建构过程。

河西走廊作为典型的自然景观与文化遗产共生的文化旅游体裁，为人们观察文化和旅游融合的内在逻辑提供了良好的案例"入口"。考察网友对河西走廊的旅游观感，则会发现他们的情感已经产生了关联体验，已从观光体验、怀旧体验上升为关联体验。如统计 2015 年 2 月 27 日（专辑发行时间）到 2019 年 2 月 11 日乐曲《河西走廊之梦》（*Dream of Hexi Corridor*）在"网易云音乐"（时下热门音乐类 APP）中的表现，可以发现关于"文化认同""民族自豪"等主题的网友评论高居"热门评论"榜单。如，"这里是河西走廊，这不仅是个地理标志，而是一种历史、文化和使命。曾经发生的故事已成永恒，走向未来的脚步仍在继续"（网友"丝竹管弦于耳"，2017 年 1 月 8 日）。正如德国学者扬·阿斯曼所言："将民族作为一个集体的想象，依赖于对一种可以回溯到时间深处的连续性的想象。"[①]正是在对河西走廊的历史记忆中，中国人找到了对自我身份的解释和认同。

任何文化共同体或者说"文明"都不能离开一定的空间。法国史学家布罗代尔于 1959 年撰写百科全书条目的"文明"词条时，从文明与地理空间的关系来定义"文明"："它首先是一个空间概念，一个'文化领地'……一个地域。有了这块地域……你必须想象出种类极其繁多的'产品'和文化特征，从住房形式、建筑材料、屋顶材料，到诸如制造羽毛箭支的技能，方言或一组方言，烹调品味，特定的科技，信仰体系，示爱方式，甚至罗盘、纸张和印刷机。当这个地域形成某些特质，比如该地域的文化特征已经遍布整个地域，并且它的文化特征在可预见的未来将一直延续下去的时候，我们就可把它称为文明。"[②]

对旅游者来说，"地点"就是人类文化记忆的"砖石"，对于历史记忆的重构不能离开具有的地点，地理空间（地点）在文化体验的过程中具有文化情感的"触发"作用。特定的地点（如河西走廊）在文化学上具有象征意义。以国人几乎人人可以吟诵几句的边塞诗为例，不论是"大漠孤烟直，长河落日圆"（王维《使

---

① 阿斯曼. 文化记忆 早期高级文化中的文字、回忆和政治身份［M］. 北京：北京大学出版社，2015：137.

② 弗格森. 文明［M］. 北京：中信出版社，2012.

至塞上》），还是"劝君更尽一杯酒，西出阳关无故人"（王维《送元二使安西》）……无一不让人联想到风光的奇情壮丽与历史的豪迈苍凉。河西走廊作为旅游体裁，承载着中华民族的历史印痕，转化成一种集体记忆，赋予了中华民族特有的"诗性意象"①，与经过千年累积、已全面渗透于中华民族深层次心理结构之中的诗性文化基因产生了共鸣。这种对历史的感怀不仅体现在国人身上，在外国人身上同样可以寻觅到踪迹，因为它体现的是人类共通的历史感。

尽管地点本身并不具有主体性的"记忆"，但它们对作为主体性的旅游者的"文化回忆空间"却具有"索引"或指示坐标的意义。地点可以成为回忆的载体，河西走廊的文化景观与地理空间承载千年历史记忆，已经成为一种历史标识，令旅游者的旅游活动成为一种寻找文化身份的体验过程，既可以赋予中国旅游者族群身份的探寻、认同与重建的指引功能，也可以让外国旅游者在文化差异中形成对中华传统文化的独特体验。

文化旅游与一定的地点分不开。"地点"激发了旅游者"文化记忆"的唤醒过程，从而实现了文化与旅游的融合。在这一点上，中西文化史都涉及"记忆之地"的族群记忆命题。它通过将一个具体地点（城市、山峰、村庄和庙宇等）符号化和命名的过程，赋予其神圣性、不可替代性和独一性的特征，从而将这些地点（空间）嵌入族群的记忆之中，如西方文化中的耶路撒冷等，与族群的文化记忆连接在一起，成为民族历史记忆的"促发装置"。

"回忆的空间"促进了文化记忆的重建，而特定的文化记忆又成为族群成员文化身份构建的先决条件。正是借助于文化与旅游的融合，隐藏在"回忆空间"中的象征意义得以被阐述。值得注意的是，作为旅游者文化记忆中的"地点"（文化记忆空间）既与某个固定的地点相连（如希腊、罗马、雅典等），但从其象征意义上说又与其来源地是相分离的。"地点"被抽象成一种概念、理论和价值的图像，在旅游者的心中变成了一种记忆框架，从而形成文化神圣性或合法性的基础。

任何族群或区域性亚群体有意识地创造一些公共文化空间（如庙宇、节日、

---

① 傅才武，申念衢．诗词文化资源在城市文化建构中的价值开发研究——以打造武汉"诗梦小道"为例［J］．山东大学学报（哲学社会科学版），2018（3）：50–59.

广场、庙会等），使这些公共空间承担起群体成员间相互交流场所的功能；同时，也有意识地创造一系列的公共活动，使这些公共活动承担起集体记忆。"记忆是一种集体性的文化创造。"①借助于文化旅游体裁项目，个人的体验与集体（族群）性记忆之间建立了有机的连接，作为文化记忆的"索引"，文化旅游体裁具有具象性和实体性的特征。它通过某人、某事、某物与族群记忆（集体认同）关联，使族群共同体的概念、象征和历史时间实现物质化和对象化。

这些公共空间与公共活动落实到具体的时空场景，使得集体成员置身于充溢着情感和价值观的社会交往模式中，影响成员的自我认知和群体归属感。个体的集体记忆和身份归属感与具体的时空场景联系在一起，变现为"乡愁"或个体的生活史或英雄史诗。在这一过程中，成员个体有意或无意识地为自身塑造形象，修正自身与集体共同特征之间的差异，形成特定的文化身份意识。正是在这一意义上，文化旅游项目承载了促进个体文化认同的功能。对于中华民族来说，文化与旅游的融合发展，让族群文化传统在社会交往和文化象征层面上以"旅游体验"的形式实现"现时化"和对象化，将文化价值体系扩展到社会建构的层面上，同样具有文化认同的建构价值。不论是个体还是群体，都一样要"栖居"在自己或族群的历史之中，并从中汲取塑造自身独特性（即文化共同体）的养分。

2. 河西走廊：文旅融合成为重建文化记忆的媒介

武汉大学课题组②调查发现，2017—2018 年，位于河西走廊上的张掖市肃南县通过将民族文化内涵植入于旅游产业链中，在促进文旅融合发展过程中强化了其地域性文化记忆。据统计，2018 年，肃南县（裕固族聚居县）的游客人数已达75 402 人次，到访西柳沟村的旅客也已突破 3 万人次。据统计，2018 年全村文化旅游消费规模已近 1066.66 万，每户收益超过 3.6 万元。该县创新了文化消费激励政策，设计"文化消费券"，一方面用于对游客购买特定文化产品和服务的补贴，另一方面又通过政府购买的形式对当地公共文化活动进行补贴，鼓励村民开展音乐舞蹈、民俗节事、非遗展览等文化活动，促进了传统文化的生产性保护。西柳

---

① 阿斯曼.文化记忆 早期高级文化中的文字、回忆和政治身份［M］.北京：北京大学出版社，2015：137.

② 课题组长傅才武，成员有张凤华、曹余阳等。

沟村旅游产品不再单纯是传统的"参观、餐饮、住宿"，而是将裕固族民族特色文化活动融入其中，给游客带来别样的精神文化体验。

由此可见，个体旅游行为的实现过程也是文化消费的过程，还是个体文化身份的确认和建构过程。旅游者通过参与、购物和仪式体验等活动，将个体文化身份的确认和族群的集体性文化记忆连接在一起，从而形成个体的知识系统。西柳沟村的裕固族文化旅游项目作为民族文化的载体，同时是一种持续性的文化传承渠道，如裕固族的服饰、房屋装饰、生活礼仪等，都是集体性记忆的"储存装置"。

文化旅游体裁蕴含着区域亚文化体的族群记忆。语言文字、舞蹈、音乐、图案与雕塑，装饰与服饰，图像与景观以及历史遗迹，都会被固有的传统价值系统转变为符号，"用以对一种共同性进行编码"。"在这个过程中起关键作用的不是媒介本身，而是其背后的象征性意义和符号系统。我们可以将这种由象征意义促成的综合体称之为'文化'或者更准确地说是'文化形态'。"河西走廊（包括肃南县西柳沟村）作为文化旅游的空间载体，因其承载的丰沛的历史文化记忆，在《孤独星球》（*Lonely Planet*）评选出的"Best in Asia"2017 亚洲十大最佳旅行目的地名单中，位列榜首（"中国甘肃"）。这一评价也为笔者 2012 年、2017 年和 2018 年三次走访河西走廊的观察所证实。数据显示，2010 年至 2017 年，位于河西走廊中心地域的张掖市年游客接待量由 187 万人次增长到 2599 万人次，旅游收入由 9.16 亿元增长到 157 亿元，分别增长了 13 倍和 17 倍，接待游客人数、旅游收入连续 7 年保持了近 30% 以上的增长。其中，2017 年张掖游客接待量已接近甘肃全省的总人口数①。

文化旅游消费行为将个体主观世界与社会客观世界连接起来，具有更新个体社交网络的功能。文化旅游项目通过市场交换机制，建立个体的社会交往网络以联通个体主观世界与客观世界，具有独特的优势。即不管个人的主观意愿如何，文化旅游行为在客观上将旅游者纳入到一个规范性的社会交往网络，并且这个社交网络自带象征意义系统。正是在各种社交网络的作用下，集体的认同替代了家

---

① 搜狐网 . 2018 年甘肃张掖旅游目标：旅游接待人数 3000 万，旅游收入 180 亿元［EB/OL］.［2018−09−13］.http：//www.sohu.com/a/228005070_54509.

庭和小团体的认同，一种族群意义上的文化认同得以不断重复与巩固。借助于文化旅游项目，原本那些隐藏于日常中的规范和价值都会暴露出来，变成个体能够体会、能够被个体所编码的观念和行为准则，由此个体的文化身份的建构过程不断被强化并巩固。对于肃南裕固族服饰而言，服饰及其民族节日活动是民族的文化记忆形式，包含了民族认同的内涵。对于民族服饰、民族仪式活动的"消费"，也被纳入到民族文化记忆的范畴。对于河西走廊来说，长城、大漠、城址、墓葬等，同样包含了华夏民族丰富的历史信息，也被纳入中华民族历史记忆的范畴。由于河西走廊沟通中西的独特的通道地位，其在历史上一直处在不同民族交锋与融合的最前线[①]。这些族群文化记忆都以文化学上所谓"现时化"[②]的形式为后来者呈现族群文化记忆。借助于民族旅游的体验活动，隐含在文化空间、文化符号和仪式活动中的"历史"与"象征意义"被重新"唤醒"，并内化为个体的认知，进而成为族群成员的文化记忆。

三、模式创新：文化消费成为连接文化事业、文化产业和旅游业的政策通道

尽管文化行业与旅游行业存在不同的性质特征，但文化产业和旅游业都具有明显的消费行为特征，具有明显的市场属性，即使是文化事业，也必须基于居民的消费行为或者参与行为，才能实现其社会效益的"外溢"，从这一意义上说，不论是文化行业还是旅游业，都必须基于居民的消费行为。推动文化事业、文化产业和旅游业的融合发展，一方面要充分尊重文化事业、文化产业和旅游业的相对独立性，明确不同行业的范围与边界，另一方面，又必须尊重文化事业、文化产业和旅游业的消费行为特征，借助于扩大文化消费政策，连通文化事业、文化产业和旅游业，形成促进整合发展的实现路径。

---

① 傅才武，钟晟. 文化认同体验视角下的区域文化旅游主题构建研究——以河西走廊为例［J］. 武汉大学学报（哲学社会科学版），2014，67（1）：101–106.
② 阿斯曼. 文化记忆 早期高级文化中的文字、回忆和政治身份［M］. 北京：北京大学出版社，2015：12.

1. 扩大文化消费构建文旅融合路径的内在机理

人类进入工业社会以来，"消费"对于社会发展具有至关重要的价值。英国学者尼尔·弗格森在《文明》一书中，分析 1500 年以来西方世界之所以取得全球霸权的原因时说，正是"消费社会"造就西方世界对于东方世界的竞争优势，使得工业革命得以持续推进[①]。但长期以来，文化消费的重要性在文化行业并没有得到足够的体现。2018 年文化部和国家旅游局合并为文化和旅游部，文化和旅游融合发展的时代到来，"消费"对于文化和旅游行业的重要价值已经初步显现。文化消费侧逐步走到了文化行业体制的中心位置，成为连通国家政策（供给侧）与居民消费者、居民个人身份建构与民族精神家园建设之间的桥梁。因此，居民文化消费（旅游消费）的实现过程，既是个人文化身份建构的过程，也是文化政策发挥作用的过程（图 2）。

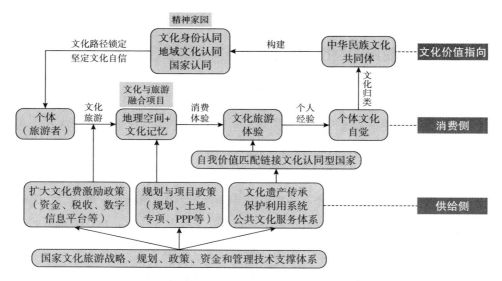

图 2　通过文化与旅游项目构建个体文化身份认同的内在逻辑

从主体与客体互动的角度看，文化旅游活动的本质，是游客主体的想象与目的地客体的吸引力之间的互动性符号消费。扩大文化消费具有推进文化旅游融合和促进旅游者文化身份建构的重要作用。以河西走廊为例，旅游者基于河西走廊

---

① 弗格森著.文明［M］.北京：中信出版社，2012.

自然人文景观产生的"地理想象"与基于历史记忆产生的"符号想象"，构成旅游者在旅游过程中的文化消费内容。这种文化消费过程也是个体经验与中华文化的"象征意义体系"的连接过程，而这一过程也构成了旅游者自我文化身份的建构过程。个体通过对其他个人和组织的影响，将对族群共同体的理解上升为对中华文化共同体的认同。同时，这种个人文化身份的建构将在族群共同体的作用下进一步强化，形成一个封闭循环。

对旅游者来说，对族群历史和民族文化传统的体验必须落实到文化旅游载体上，借助旅游项目，将自己放置到历史场景中，完成个体意识与历史事件或者历史场景的"共振"。在个体的文化旅游行为中，族群集体的文化记忆进入旅游者的个人经验之中，个体完成对族群文化记忆的二度创作，即夹杂在文化传统中的集体性文化记忆重新参与旅游者个体文化记忆的创作过程中。正是借助于文化消费的实践渠道，个体与族群文化共同体完成连接，个体实现自我文化身份的建构，文化旅游项目就成为构建个体文化身份的媒介。

对中华民族共同的"过去"（历史、文化、传统等）的回忆和肯定，连同对中华传统价值和行为规范的认可，支撑着族群的共同知识、价值和意义的共同知识以及自我认知。正是凭借乡愁情感、年节仪式、文化旅游活动和各种社交网络，单个个体得以和其所属的中华文化共同体连接在一起，从而使中华民族在千百年的历史进程中（包括在与外域文化的交会中）铸造了具有中国气派、中国风格、中国韵味的文化系统①。

2. 政策意义：通过促进文化消费引领文化和旅游领域的供给侧政策创新

长期以来，在文化行业与旅游行业分途发展的环境下，文化政策和旅游政策都是供给侧保障模式，即国家公共资源通过行业系统下达，通过行业系统的直属单位提供公共产品和服务，居民的消费一般由行业供给来满足。

2018年文化和旅游部组建，文化和旅游行业从分途发展转向融合发展。文旅融合的新业态成为原文化行业系统和旅游行业系统的"增量领域"，其明显的消费行为特征对供给侧政策创新提出了新的要求。这一形势要求，原来以行业单位

---

① 冯天瑜. 中华文化元素刍议［N］. 中国社会科学报，2012-10-24（B06）.

的生产为中心的政策保障模式，必须转向以居民个人（旅游者、文化消费者）的消费需求为中心的政策保障模式。国家的文化政策、公共财政投入、税收优惠政策、土地规划和公共平台建设，以及文化遗产保护与利用、公共文化服务体系建设，都需要以满足居民（旅游者、文化消费者）的有效需求为中心，而不再以保障行业单位的生产为中心，由此建立新时期通过扩大居民文化（旅游）消费、引导文化旅游领域供给侧改革的政策路径。国家的供给侧保障方式必须借助于消费侧才能发挥其应有的作用，通过文化消费侧和供给侧"双侧协同"[①]才能最终实现推进民族文化认同、建构中华民族精神家园的目标。

四、简要结论

文旅融合有利于促进个体文化身份的建构和族群文化共同体的建构。人们一直想当然地认为，族群文化共同体的形成是一种自然的进程，个体和社会无须努力就能自然达成，但从中外的历史经验看，族群文化共同体的建构与维护需要其族群和民族国家投入巨大的努力。作为先于个人文化身份而存在"我们"（族群共同体），中华文化对于个体文化身份的塑造具有强大的规范力量。借助文化与旅游相融合的"场域"，旅游者个体得以方便地进入到社会交往模式中，个体的文化身份得以不断巩固和完善。

中华文化的传承，需要文化旅游项目作为场景。文化旅游项目作为文化体验的体裁，是"历史"在"当代"的变体重现。借助文化旅游项目，使过去的历史往事"活化"，形成当下人们的"传统"，历史才能具有指示当下人们生活意义和人生方向的力量。文化旅游项目的价值，以此为最。

必须注意的是，文化旅游项目作为阐述历史的"场域"，并不要求完全基于历史真实的重建，而是基于历史记忆之上的二度甚至是三度创造。真正的历史记忆是客观和理性的，但作为文化记忆的集体意识则是流动的、变形的。因此，旅

---

① 傅才武，曹余阳.中英政府有关促进文化消费政策的比较研究——以英国"青年苏格兰卡"与中国"武昌文化消费试点"为中心［J］.江汉论坛，2017（10）：34-43.

行者所参与的文化创造过程，只是集体记忆的"唤醒"和个体二度创作的过程，并不完全是历史真实的重建过程。因此，基于历史真实的二度或者三度创作和体验，也是重建旅游者个体连接中华文化共同体的重要途径。

文化旅游融合具有促进文化供给侧改革的独特意义。雒树刚部长在"2018 旅游集团发展论坛"的主旨演讲中提出，要围绕文化和旅游融合发展这一重要工作，努力实现"提升公共文化效能，增强文化产业活力，优化旅游业发展环境"三大目标，已包含了文旅融合具有深化文化和旅游业改革的独特作用的价值判断。实证研究表明，文旅融合的独特价值就在于重建被行业体制消减了的文化消费的基本功能结构。在计划体制和科层制技术基础上确立的文化行业体制，本质上是一种供给侧保障机制，因其价格机制不健全，并且对消费侧的真实需求包容性不足，导致了供给侧的效率较低，国家由此确立了提升公共文化服务效能、增强文化产业活力、优化旅游业发展环境的改革目标任务。文化旅游融合，使文化和旅游行业因交叉而形成新的业态，相对于传统文化行业和旅游行业来说，这种新出现的新业态具有市场消费的基本特征。有学者借助耦合协调度模型测算我国 2005—2015 年 30 个省市文化旅游产业的融合度水平，拟合结果显示我国文化旅游产业融合与文化消费之间存在着互为因果的关系，产业融合对文化消费水平的提升作用十分显著①。这表明，文化旅游融合符合市场机制的基本属性。在市场机制的作用下，文化市场和旅游市场上的价格机制不断得到完善。2016 年以来，45 个城市的文化消费试点经验证明，借助文化消费的激励政策，可以极大地推进文化事业和文化产业、文化行业与旅游业的连接，从而形成以扩大文化消费引领文化供给侧结构改革的有效路径。从这一层面上说，推进文旅融合也是深化文化体制改革的战略性突破口。

---

① 张肃，黄蕊.文化旅游产业融合对文化消费的影响［J］.商业研究，2018（2）：172–176.

文化和旅游公共服务融合发展的思考

李国新　李　阳[①]

伴随着党和国家行政机构改革任务的完成，深化文旅融合成为新时代文旅事业发展的重点任务。文旅融合，主战场是文化产业和旅游产业的全面、深度融合，所谓文化要素成为旅游的灵魂，旅游为文化传播插上翅膀。文化和旅游公共服务——公共文化服务和旅游公共服务的融合发展，也是文旅融合发展的一个方面。宜融则融、能容尽融同样是文旅公共服务融合发展的指导方针和基本原则，因此，搞清楚公共文化服务和旅游公共服务哪些宜融哪些不宜融，找准公共文化服务和旅游公共服务融合的切入点，才谈得上二者从形式到内容的全面、深度融合。

一、什么是文化和旅游公共服务

近十多年，公共文化服务是我国社会生活中的高频词，是快速发展的由政府主导的公共服务事业。《中华人民共和国公共文化服务保障法》对"公共文化服务"做出了明确界定，是指"由政府主导、社会力量参与，以满足公民基本文化需求为主要目的而提供的公共文化设施、文化产品、文化活动以及其他相关服务"（第二条），从法律层面明确了公共文化服务的责任主体、服务目的和提供内容。

关于旅游公共服务，目前在法律层面还没有专指性界定。《中华人民共和国

---

① 李国新，北京大学信息管理系教授、博士生导师。李阳，北京大学信息管理系博士研究生。

旅游法》提出了"完善旅游公共服务"的发展方针（第三条），法律中涉及的旅游公共服务事项主要包括建立旅游公共信息和咨询平台、设置旅游咨询中心、设置旅游指示标识、建立游客中转站（以上第二十六条）、建立旅游突发事件应对机制（第七十八条）。现行政策层面关于旅游公共服务的表述不尽一致。2006 年中央提出"建设服务型政府，强化社会管理和公共服务职能"之后，国内学术界开始了对旅游公共服务的研究，目前较有影响的说法是：旅游公共服务是指由政府或其他社会组织提供的，以满足旅游者共同需求为核心、不以营利为目的、具有明显公共性的产品和服务的总称 ①。这一说法明确了旅游公共服务的基本内涵：旅游公共服务的提供主体是政府或其他社会组织，目的是满足旅游者共同需求，特点是不以营利为目的，提供内容是公共性产品和服务。简单地理解，政府主导、共同需求、公益属性三大要素，是旅游公共服务与其他旅游服务的主要区别。

公共文化服务和旅游公共服务有共同点：它们都是政府为满足老百姓的基本需求而提供的基本公共服务，都是主要由公共财政支持的公益性服务，所提供的服务都需要有基本范围和基本尺度，都需要随着经济社会的发展动态调整。这些共同点，构成了公共文化服务和旅游公共服务可以而且能够融合发展的理论基础。

二、公共文化服务和旅游公共服务的主要内容

从 2011 年党的十七届六中全会提出基本公共文化服务的"六大任务"（保障人民群众读书、看报、听广播、看电视，进行公共文化鉴赏、参与公共文化活动等基本文化权益），到 2015 年初，中办、国办印发《国家基本公共文化服务指导（2015—2020 年）》，将基本公共文化服务调整为 3 大类 14 项 22 条，再到截至 2016 年底全国所有省级人民政府出台本省的基本公共文化实施标准，对国家指导标准加以细化、深化、具体化，直到 2017 年 3 月施行的《中华人民共和国公共文化服务保障法》建立起我国的基本公共文化服务标准法律制度，经过十多年来持续的研究和实践，我国基本公共文化服务的内容、种类、数量和水平已经大体上

---

① 李爽 . 旅游公共服务：内涵、特征与分类框架［J］. 理论参考，2012（9）：36-38.

清楚，基本公共文化服务标准指标体系处于不断完善过程中。

旅游公共服务的主要内容包括什么？2010年12月出台的《中国旅游公共服务"十二五"专项规划》指出，主要包括旅游公共信息服务、旅游安全保障、旅游交通便捷服务、旅游惠民便民服务、旅游行政服务等内容。2016年12月国家旅游局印发《"十三五"全国旅游公共服务规划》，所提到的旅游公共服务体系内容包括旅游公共服务基础设施、旅游信息咨询、旅游交通集散、厕所革命、旅游便民惠民、旅游安全保障等[①]。两相比较，旅游公共服务基础设施、厕所革命在"十三五"时期被纳入旅游公共服务范畴。2018年4月，国家统计局发布了《国家旅游及相关产业统计分类（2018）》，将直接为游客提供出行、住宿、餐饮、游览、购物、娱乐等服务活动的旅游业分为7个大类21个中类46个小类，将为游客出行提供旅游辅助服务和政府旅游管理服务等活动的旅游相关产业分为2个大类6个中类19个小类[②]。综合考察分析国家"十三五"旅游公共服务规划和《国家旅游及相关产业统计分类》所涉及的内容，大致说来，旅游公共服务主要涉及四个方面：一是旅游公共服务基础设施，如公共景观、特色街区、休闲绿地、旅游厕所、游客集散中心、旅游指示标识等；二是旅游公共信息服务，如旅游咨询服务平台／中心、网络信息服务、旅游解说服务等；三是旅游便民惠民服务，如面向公众的旅游消费优惠卡／券、旅游年票套票、特殊群体优惠等；四是旅游安全保障服务，如旅游安全监测、旅游应急值守和服务等。

从公共文化服务和旅游公共服务的具体内容上来看，二者有交集、有联系，也有区别、有不同。比如，在公共服务基础设施、公共信息服务、全域旅游环境中的文体活动等方面，公共文化服务和旅游公共服务就大有相互借力、融合发展、互促共赢的空间。相反，有些方面就很难找到有机融合的衔接点，如在旅游公共服务中的重要内容厕所革命、旅游安全保障、应急机制等方面，就看不到与公共文化服务的有机结合点。把握好公共文化服务和旅游公共服务的本质和规律，才

① 国家旅游局办公室.关于印发"十三五"全国旅游公共服务规划的通知［EB/OL］.（2017-03-07）［2019-08-08］.http://www.cac.gov.cn/2017-03/07/c_1120585018.htm.

② 国家统计局.国家旅游及相关产业统计分类（2018）［EB/OL］.［2019-08-15］.http://www.stats.gov.cn/statsinfo/auto2073/201805/t20180530_1601168.html.

能让宜融则融、能容尽融的方针真正落地。

三、公共文化服务和旅游公共服务融合发展的切入点

考察近年来我国文化和旅游融合发展的实践，立足当前的现实需要，公共文化服务与旅游公共服务融合发展的切入点主要是以下几个方面。

1. 公共文化服务设施嵌入旅游景区、线路、住地、交通服务区域等

长期以来，由于行政体制的障碍，公共文化设施的布局和建设很少考虑旅游需求，旅游景点、服务点建设也很少考虑公共文化服务。文旅融合发展为打通这一阻滞创造了条件。目前各地已经涌现出一些公共文化设施嵌入旅游景区、服务点的成功案例。如福建省图书馆在推进图书馆总分制建设进程中，在全省文化景区、旅游景点打造了以"清新书苑"为统一标识的公共阅读场所，配备"文化一点通"数字服务设备，方便游客下载电子书、了解景区的人文和自然知识。浙江图书馆探索"图书馆＋民宿"模式，把公共阅读服务延伸到游客住地，打造出一批独具文化特色的民宿。广东省博物馆在广州白云国际机场航站区设立文创体验馆，把非遗体验项目嵌入到人流密集的机场。但总体来看，目前我国大多数的旅游景区景点休憩场所、旅游交通服务区域、慢游绿道等还很少能见到公共阅读、文化展示和体验等设施设备，公共文化设施"嵌入"的空间还很大。

当然，公共文化设施"嵌入"，不能简单化为把城市的设施搬进旅游景区，而是需要从形式到内容进行有针对性的改造。比如，游客利用公共文化设施，往往具有利用时间短、以休闲性利用为主的特点，因此，设施的空间设计、资源配置就不能照搬城市设施的做法。在自驾游营地、民宿集中区域嵌入的公共文化设施和服务，与旅游交通服务区域、旅游景点中的公共文化设施在形式、内容上又应该有所不同。深入研究需求、准确把握规律、有的放矢提供，才能防止嵌入的公共文化设施沦为"摆设"。

2. 基层综合性文化服务中心和乡村旅游服务中心融合

适应乡村旅游蓬勃发展的需要，近年来不少旅游资源富集的乡村建设了乡村旅游服务中心。但是另一方面，乡村旅游服务中心建设在不少地方特别是中

西部经济欠发达地区，也还存在不少困难，如用地紧张、资金不足、内容单薄、人员短缺等。在一个地域范围不大的乡村，乡镇文化站、村文化中心和旅游服务中心融合，是解决问题的有效办法。对于乡村旅游服务中心来说，不需要另起炉灶新建设施，服务空间和内容增加了文化含量；对于乡村文化中心来说，依托旅游人流和服务，一定程度上可以改变"不开门、不见人"的困境。设施、资金、人员、组织体系和服务的全面融合，带来了乡村旅游服务和乡村文化服务双赢的局面。2018年底，宁波市象山县墙头镇溪里方村依托文化礼堂建立了文旅服务中心，内设游客服务站、文史展示厅、乡创工作坊、艺普讲习所四大板块内容，游客服务站提供旅游信息发布、咨询接待、休闲服务等，文史展示厅常年展示村史村貌、民风民俗、乡村特色等内容，乡创工作坊为乡村文创特色产品或项目提供展示、孵化及销售平台，艺普讲习所借助"一人一艺"云平台的数字设备和资源，定期开展艺术培训、文化讲座、文化活动等①。溪里方村的文旅服务中心拥有文化和旅游双重服务功能，为乡村文化服务和旅游服务的融合发展做出了有益探索。

3. 公共图书馆开展旅游公共信息服务

前些年考察日本的公共图书馆时曾发现过一个现象：日本许多基层公共图书馆一进门最显眼的位置摆放的往往是旅游指南文献，当时对此还颇有不解。如今在文旅融合发展的背景下回想此事，体会到了公共图书馆主动适应老百姓日常生活需求的服务自觉。如今，我国的全民旅游井喷式爆发，老百姓对旅游信息的需求随之增加，公共图书馆发挥自身专业优势，为公众提供丰富多彩、便捷适用的旅游指南性信息服务，成为公共图书馆服务的一个新的增长点。目前我国已有一些旅游热点地区的公共图书馆开始了这项工作。如海南省图书馆在报刊阅览室设立了旅游地图专架，上海市黄浦区图书馆设立了旅游文化博览室，深圳市宝安区图书馆设置了旅游专题图书馆等，也有一些公共图书馆将旅游推介纳入日常展览、讲座、活动等，但总体来看，这方面的服务仍处于初步的、零星的、偶发的状态，

---

① 宁波首个乡村文旅中心成立［EB/OL］.［2019–08–15］. http://difang.gmw.cn/nb/2018-11/26/content_32046009.htm.

没有成为普遍性、常态性的服务。在文旅融合发展的背景下，各级公共图书馆应该迅速加强大众旅游信息服务，这也是公共图书馆以职业精神推动文旅融合发展的专业实践。

目前，面向大城市、著名旅游景点的一般性旅游指南信息也许并不缺乏，人们获取的渠道很多，缺的是面向全域旅游、乡村旅游的针对性强、指引精准、无缝对接的旅游指南信息。比如，如果是到北京、上海、西安这样的大城市旅游，获取吃住行游购娱信息也许都不成问题，但如果是到一个知名度不高或是地域比较偏僻的乡村旅游呢？下了飞机火车有什么接驳交通工具？什么地点什么时间可以转乘？什么地方可以住宿？费用如何？有什么可以旅游观光休闲的"打卡点"？诸如此类的问题，是一个对旅游目的地陌生的旅游者首先关心也必须要解决的问题，从旅游公共信息提供的角度看，目前最缺乏的就是这类精准指引、无缝对接的针对性、适用性强的指南信息。公共图书馆在信息的挖掘、整序、开发、传播上有专业优势，公共图书馆的信息服务应该向这方面拓展，在这方面下功夫，把丰富、精准、适用的旅游信息以多种方式特别是依托互联网的移动端传递给旅游者，这样才能彰显出公共图书馆旅游信息服务的专业性和不可替代性。

4. 博物馆、非遗传习场所与研学旅行相融合

研学旅行是我国大力倡导的素质教育、通识教育的重要内容、创新形式和有效载体。自 2013 年《国家休闲旅游纲要》提出逐步推行中小学生研学旅行以后，有关部门已经出台了十多个政策性文件，包括教育部要求将研学旅行纳入中小学教学计划[①]。据统计，2018 年国内研学旅行人数达到 400 多万，市场规模达到 125 亿[②]，研学旅行需求旺盛、市场广阔。研学旅行内容丰富、产品多样，其中文化研学游是重要产品之一，依托优秀传统文化资源和大型公共文化设施建设研学旅行基地，是发展文化研学游的重要方式，博物馆、非遗传习基地就是最有条件成为

---

① 参见：教育部、发改委等 11 部门 2016 年 12 月发布的《关于推进中小学生研学旅行的意见》。

② 一起来看研学旅行大数据［EB/OL］.［2019–08–15］. http://www.sohu.com/a/3118390 92_760974.

文化研学旅行基地的公共文化设施。2017 年初大型文博探索节目《国家宝藏》在央视播出后，通过"博物馆"搜索国内旅游目的地的数据上升了 50%，"为一座博物馆赴一座城"成为旅游项目新卖点①。教育部 2018 年公布的 377 个全国中小学生研学实践教育基地中，博物馆就有 60 个②。南京博物院于 2013 年设立非遗馆，定期邀请金陵剪纸、秦淮灯彩、南京金箔等非遗传承人现场展示，并配以木偶剧、南京白局、苏州评弹等展演活动，用静态和动态相结合的形式展示当地特色非遗技艺。福州汇聚了大量非遗项目和传习场所的三坊七巷旅游景区 2017 年入选"港澳青少年游学基地"。博物馆、非遗传习场所与研学旅行相结合，显示了公共文化服务与旅游服务融合发展的强劲势头。

博物馆、非遗传习场所的研学旅行服务，不能仅限于提供一个"游"的场所，更需要在"学"和"研"上动脑筋、想办法、出创意、见实效。研学旅行怎样体现促进学生社会主义核心价值观确立、激发爱国热情和文化自信、培养实践意识和创新精神、促进书本知识和生活经验深度融合的作用，需要在活动设计、呈现方式、内容挖掘、与学校教育有机结合等方面探索创新，增强吸引力和有效性，这是博物馆、非遗传习场所等公共文化机构在文旅融合背景下面临的新问题、新挑战。

5. 群众文化活动营造城市文化氛围，提升城市文化品位

全域旅游强调旅游的全景化、高品质、全覆盖。一座城市文化元素无处不在、文化设施星罗棋布、文化活动触目可见、文化氛围笼罩全域，游客漫步其间时时处处能感受到文化的熏陶和滋润，这是高质量全域旅游对城市文化品位的内在要求。群众文化活动在营造城市文化氛围、提升城市文化品位上不仅有独特作用，还有巨大空间。近年来成都市文化馆组织和推动"街头艺术表演"，短短两三年，已经在全市街头巷尾部署了 60 多个表演点位，吸引了来自全国各地的 150 多组

---

① 中国旅游研究院文化旅游研究基地河南文化旅游研究院.中国文化旅游发展报告［M］.北京：中国旅游出版社，2019：29–32.

② 教育部办公厅关于公布 2018 年全国中小学生研学实践教育基地、营地名单的通知［EB/OL］.（2018–11–01）［2019–08–08］.http://www.moe.gov.cn/srcsite/A06/s3321/201811/t20181106_353772.html.

260 多位年轻艺人参与，创造了一整套街头艺人遴选、考核、管理制度和机制。其他像深圳的"街头艺术四季 FUN"、哈尔滨的"街角文艺"，也都属于这类活动。有专家认为，街头艺术表演是现代城市文化活动的重要组成部分，是展示城市文化形象、激发城市文化创造活力的重要途径，也是丰富市民和游客生活体验、促进文旅融合的重要抓手①。街头艺术表演本身并不是旅游项目，但它营造了城市文化氛围、展现了城市文化品位，间接实现了服务全域旅游的目的。这一项目带给我们的启发是多方面的：公共文化服务与旅游融合有的是直接的，更多的是间接的；文旅融合发展的新形势也在倒逼公共文化服务转变观念、拓宽思路、创新服务；不能把文旅融合简单地理解为公共文化设施变为旅游景点、公共文化服务变成游客服务，公共文化服务与旅游融合应建立在遵循规律、发挥专长、有机结合、相互促进的基础上。

6. 串联标志性文化设施，打造旅游路径

近年来，各地涌现了为数不少的堪称城市标志性建筑的公共文化设施，成为"网红"建筑，尤其是年轻人旅游的"打卡地"。如天津市滨海新区图书馆以其极具视觉冲击力的设计迅速"走红"，秦皇岛的阿那亚图书馆独自伫立在空旷的沙滩，被称为"孤独图书馆"，吸引了大量的游客预约参观。即将开馆的苏州图书馆二馆的智慧书库系统，将互联网、大数据、机器人、人工智能用于图书的分拣、存储、传输，让人们在参观时感受到强烈的视觉冲击力。博物馆更是早早地进入游客的视野，成为人文旅游的热门目的地。目前，我国又有一批设计前卫、功能一流，完全可以和芬兰赫尔辛基"颂歌图书馆"媲美的公共文化设施正在建设中，不远的将来会相继面世。在农村，伴随着乡村振兴战略的实施，也出现了一大批设计新颖、乡土气息浓郁的镇街博物馆、村史馆、乡贤馆，展现了独具特色的地域文化，见证了乡村经济、社会、文化变迁。将这些具有一定显示度、标志性、特色鲜明的公共文化设施连点成线，就是独具魅力的人文旅游路径，是公共文化与旅游融合的又一有机结合点。当然，公共文化设施毕竟不是旅游设施，公共文

---

① "成都街头艺术表演"项目亮相"2019 中国文化馆年会"获赞誉［EB/OL］.［2019–08–15］. https://cbgc.scol.com.cn/custom/157187.

化服务不等同于旅游服务，公共文化设施成为旅游"打卡点"，串联公共文化设施形成新的旅游路径，需要研究解决区域动静隔离、功能相互区别、服务守正创新的问题，要防止把文旅融合发展背景下的公共文化服务异化为公共文化设施和服务的"旅游化"。

公共文化旅游服务融合的几个关键问题

彭泽明[①]

文化和旅游融合是中国特色社会主义进入新时代，党中央、国务院做出的重大战略决定，题中之义是公共文化服务与旅游公共服务融合。目前全国从中央到地方文化旅游机构已陆续组建完成，按照"宜融则融、能融尽融"的思路，各级文化和旅游部门积极探索统筹公共文化旅游服务的资源、项目、平台、活动的有机融合[②]。公共文化旅游服务可持续融合并非易事，"两张皮"的问题没有得到有效破解，理论指导实践的智力支持远远不够。公共文化旅游服务融合是什么，为什么，怎么做，这些问题事关其合理性、适度性、效益性，已经引起文化和旅游部的高度重视，亟待学界展开研究，提供学术支撑，做出科学回答。

一、公共文化旅游服务融合的概念界定与基本特征

文件、文献里常会出现"公共文化服务"和"旅游公共服务"两个主题语。《公共文化服务保障法》中对公共文化服务的定义，是指由政府主导、社会力量参与，以满足公民基本文化需求为主要目的而提供的公共文化设施、文化产品、文化活动以及其他相关服务；其基本特征是公益性、基本性、均等性、便利性。旅游公共服务没有统一的定义，我们认为旅游公共服务，是指依附在旅游过程

---

① 彭泽明，西南政法大学国家文化和旅游公共服务研究基地副主任，政治与公共管理学院研究员。

② 雒树刚. 以文旅融合促优质旅游［J］. 中国房地产，2019（14）：10-14.

中满足游客公共旅游需求，且难以与旅游消费分离的特定的准公共服务。它除具有与公共文化服务相同的基本特征外，还兼具非共享性和共享性、营利性和非营利性、生产性和消费性、物质消费和精神消费的双重属性①。不难看出，旅游公共服务与公共文化服务的外延、内涵是有很大差异的，严格意义上讲纯公益性的旅游公共服务几乎没有。尽管如此，但是公共文化服务和旅游公共服务都具有公共服务的一般属性，这为公共文化服务与旅游公共服务融合发展提供了内在的逻辑起点。

1. 概念

文化和旅游融合已有学者做出过定义，但没有形成共识。目前，几乎没有学者对公共文化旅游服务融合做出明确界定，我们认为，公共文化旅游服务融合，是指政府主导、社会力量参与，公共文化服务与旅游公共服务相互渗透、相互交叉，逐步形成新业态，以丰富群众性文化旅游活动的发展变化过程。

2. 基本特征

（1）互促性

公共文化旅游服务坚持以文塑旅，以旅彰文，使文化繁荣与旅游发展相互促进、相得益彰。公共文化的价值需要公共旅游得以广泛传承传播，公共旅游的质量需要公共文化得以巨大提升。公共文化服务和旅游公共服务有机融合，会产生"1+1>2"的效果。

（2）动态性

公共文化旅游服务融合是不断动态发展变化的，这个发展变化必然对原有单一公共文化服务和旅游公共服务的业态进行完善、改造，甚至革新，也必然会产生不同的公共文化旅游服务新业态，如"公共文化设施＋旅游公共服务""公共文化产品＋旅游公共服务""公共文化活动＋旅游公共服务""旅游基础设施＋公共文化服务""旅游交通便捷服务＋公共文化服务""旅游公共信息服务＋公共文化服务""旅游惠民便民服务＋公共文化服务"等公共文化旅游服务新业态。这些业态将伴随公共文化旅游服务融合的深度和广度日臻完善和不断拓展。

---

① 荣浩.旅游公共服务及相关概念辨析［J］.现代商贸工业，2012，24（8）：96.

（3）独立性

公共文化服务是纯公益性服务，竭力让人民群众零门槛走进公共文化设施，免费或优惠地享受公共文化服务，切实保障人民群众的基本文化权益；旅游交通便捷、公共信息、惠民便民、安全保障等公共服务更多是依附在景区景点、宾馆酒店、旅游线路等基础设施上，最大功能在于培育和促进旅游消费。在公共文化旅游服务融合发展的过程中，公共文化服务和旅游公共服务二者应保持自己服务内容的独特性，不能任何事物都"旅游化"[①]和"文化化"，严禁盲目融合，唯有特色，才能彰显二者的生命力和持久力。

二、公共文化旅游服务融合的价值取向

1. 构建社会主义核心价值观取向的一致

《中共中央关于深化文化体制改革推动社会主义文化大发展大繁荣若干重大问题的决定》强调，社会主义核心价值体系是兴国之魂，是社会主义先进文化的精髓，决定着中国特色社会主义发展方向。构建社会主义核心价值观是文化建设的灵魂，要贯彻文化建设的始终，这是中国特色社会主义文化建设的根本任务。中办、国办印发的《关于加快构建现代公共文化服务体系的意见》指出，以社会主义核心价值观为引领，促进在全社会形成积极向上的精神追求和健康文明的生活方式。公共文化服务必须把积极培育和弘扬社会主义核心价值观作为价值追求。

文化是旅游的灵魂，人文资源是旅游的核心资源，它凝聚着社会主义核心价值观。核心价值观理应是旅游灵魂中的"灵魂"；公共文化旅游服务融合是公共文化服务和旅游公共服务"文以化旅、魂体合一"的有机统一、相互促进、相互提质增效的过程，培育和弘扬社会主义核心价值观既是公共文化服务，也是旅游公共服务的内在逻辑，公共文化旅游服务融合应成为社会主义核心价值观构建和弘扬的平台，社会主义核心价值观构建要贯穿公共文化旅游服务融合的始终。或许这是公共文化旅游服务融合最深沉的哲理，要旗帜鲜明地坚持公共文化旅游服务

---

① 张广瑞.文旅融合，不止文化和旅游［N］.中国文化报，2019-05-25（7）.

融合应以社会主义核心价值观为引领，促进以文化人、以文塑人。这是对社会上就旅游培育和弘扬社会主义核心价值观持有异样"声音"的正面论说。

2. 不断实现人民对美好生活向往取向的一致

习近平总书记指出，丰富健康的文化生活是衡量人们生活质量的重要标志；旅游是人民生活水平提高的一个重要指标。习近平总书记的指示，深刻阐释了文化和旅游工作的共同目标，必须坚持以人民为中心，不断实现人民对美好生活的向往。党的十九大报告强调，满足人民过上美好生活的新期待，必须提供丰富的精神食粮。公共文化服务和旅游公共服务都具有精神消费的层面，提供丰富的精神食粮既包括丰富的群众性文化活动，也包括丰富的群众性旅游活动。

2019年全国"两会"期间，文化和旅游部部长雒树刚在"部长通道"接受采访时指出，旅游已经成为人民幸福生活的必需品，旅游既是大产业，又是大民生，要统筹实施一批文化和旅游的惠民项目。国家旅游局印发《"十三五"全国旅游公共服务规划》明确指出，旅游业被确立为幸福产业，旅游作为人民群众日常生活重要组成部分的特征更加显著。公共文化旅游服务是不断实现人民对美好生活向往的主要实现形式，公共文化旅游服务融合必须坚持落实政府的主体责任，区分好公益性和营利性的文化旅游公共服务，须明确公益性的文化旅游公共服务标准，兜住底线，落实保障责任，不断满足人民过上美好生活的新期待，提高人民群众的获得感、幸福感、安全感。

3. 增强和彰显文化自信取向的一致

国务委员王勇作国务院机构改革方案说明时指出，为增强和彰显文化自信，统筹文化事业、文化产业发展和旅游资源开发，提高国家文化软实力和中华文化影响力，推动文化事业、文化产业和旅游业融合发展，将整合文化部、国家旅游局的职责，组建文化和旅游部。这充分说明组成文化和旅游部是党和国家站在增强"四个自信"的战略高度，高瞻远瞩、登高望远做出的重大决策部署。

党的十九大报告指出："文化自信是一个国家、一个民族发展中更基本、更深沉、更持久的力量。"在当今世界文明的交流碰撞中，树立坚定的文化自信，是实现中华民族伟大复兴的重要基石。中华优秀传统文化积淀着多样、珍贵的精神财富，是文化自信的重要源泉 ①。中华优秀传统文化得不到传承发展，文化自信将失去依靠；中办、国办印发《关于实施中华优秀传统文化工程的方案》指出，各类文化单位机构、各级文化阵地平台，都要担负起守护、传播和弘扬中华优秀传统文化的职责。习近平总书记强调：旅游是传播文明、交流文化的桥梁。从这个角度上讲，作为政府主导下的公共文化旅游服务必须义不容辞、责无旁贷地成为中华优秀传统文化传承发展的载体平台，为不断增强和彰显文化自信发挥不可替代的重要作用。

三、公共文化旅游服务融合的主要内容

公共文化设施、文化产品、文化活动以及其他相关服务是公共文化服务的主要内容；旅游基础设施，旅游交通便捷、公共信息、惠民便民、安全保障及其他相关服务是旅游公共服务的主要内容。围绕公共文化服务和旅游公共服务的主要内容，立足其生动的实践，公共文化服务和旅游公共服务融合的内容主要表现在以下三个方面。

1. 公共文化设施和旅游设施的融合

推动承载着中华优秀传统文化、具有现代建筑艺术的公共文化设施与相关景区景点的融合，尤其要深入推进具有红色基因的博物馆、纪念馆、陈列馆、展示馆、遗址遗迹等公共文化设施与相关景区景点的融合，着力打造"红色旅游"产品。"红色旅游"是公共文化服务与旅游公共服务成功融合的典范，对于进行爱国主义教育，培育弘扬社会主义核心价值观，有效保护和持续利用革命历史文化遗产，带动革命老区脱贫致富，有着重要的现实意义。习近平总书记指出，关于发展红色旅游，指导思想要正确，旅游设施建设要同红色纪念设施相得益彰，要接好地气，不要"把内在精神弄没了"。习近平总书记的重要论述不仅为推动公共文化设施与红色旅游融合指明了路径，也为推动公共文化设施与历史文化旅游、研学旅等指明了方向。正因如此，我们可以把承载着中华优

---

① 吴寒.中华优秀传统文化是文化自信的重要源泉［N］.中国文化报，2017-11-27（3）.

秀传统文化、具有现代建筑艺术的公共文化设施理解为公共旅游景区景点，也可以把公共旅游景区景点理解为公共文化设施，公共文化设施和旅游设施可以有机融合、相得益彰。

2. 公共文化和旅游公共产品生产供给的融合

加强公共文化产品的生产供给，主要是通过深入推进公共文化设施的免费开放、提升公共文化服务效能，以社会主义核心价值观为引领、创作生产人民群众喜闻乐见的优秀作品、丰富优秀公共文化产品供给，积极开展全民阅读、全民普法、全民健身、全民科普和艺术普及、优秀传统文化传承活动，丰富群众性文化活动。旅游公共产品的生产供给，主要是通过优化旅游交通便捷服务、提升旅游公共信息服务、加强旅游惠民便民服务、构筑旅游安全保障网等，扩大旅游公共服务有效供给，全面提升旅游公共服务品质，满足人民群众的旅游公共服务需求。从公共文化服务和旅游公共服务的产品生产供给来看，好似二者之间没有关联性，透过"物质"的现象看"精神"的本质，从满足游客精神文化生活的多层次、多样化、高品位、高质量来看，二者之间的内在联系不言而喻，一方面，可以在有条件的旅游景区、旅游度假区、乡村旅游点、机场、车站、码头、高速公路服务区、商业步行街区、宾馆饭店等游客集散地，建设文化馆、图书馆、博物馆、美术馆分馆，设置图书自助借阅机，免费开展送演出、送展览、送讲座、送图书、送法制、送科普、送电影；另一方面，可以在文化馆（站）、图书馆、博物馆、美术馆等公共文化单位，设置免费的旅游咨询台、举办免费的旅游展示推介活动、摆放免费的旅游宣传资料等。同时，利用丰富的人文资源和旅游资源，打造具有鲜明特色和社会影响力的文化旅游节庆活动和品牌服务项目；依托文化文物单位馆藏文化资源，开发各类文化旅游创意产品。这样必然会推动公共文化服务覆盖面和知晓度的提高，必然会推动旅游公共服务产品内容的丰富和质量的提升，必然会提高公共文化服务和旅游公共服务的有效供给，必然会促进文化和旅游消费的培育，增强公共文化服务和旅游公共服务融合的动力和活力。

3. 公共文化服务和旅游公共服务方式的融合

公共文化旅游服务融合，要推进公共文化设施和旅游公共设施的免费开放，界定好公共文化设施与旅游公共设施基本服务空间和基本服务项目，尤其要明确旅游公共设施纯公益性和准公益性空间和服务的范畴，妥善处理好免开和收费的关系。组建公共文化旅游服务联盟，推进公共文化旅游巡演巡展巡讲的融合。公共文化巡演巡展巡讲可以在有条件的游客集散地开展，利用文化特有的艺术形式在文化馆（站）、图书馆、博物馆、美术馆、科技馆、文化广场等公共文化场所展现，推动公共文化资源和旅游公共资源的互联互通。推动与科技的深度融合，整合现有的公共数字文化工程和"12301"国家智慧旅游公共服务平台，充分应用移动互联网、云计算、大数据、物联网、人工智能等先进技术，建设标准统一、互联互通的公共文化旅游服务平台，建设数字文化馆、图书馆、博物馆、美术馆与数字旅游景区、旅游度假区、乡村旅游点、宾馆饭店，推进公共文化旅游服务大数据工程建设，构建文化旅游传播大数据综合服务平台，传播中国文化，推介中国旅游资源，为社会提供文化旅游服务。

四、公共文化旅游服务融合的实现路径

1. 树立科学的公共文化旅游服务融合理念

（1）坚持正确导向

要以习近平新时代中国特色社会主义思想为指导，坚持以人民为中心的工作导向，培育和弘扬社会主义核心价值观、满足人民群众对美好生活的新期待、增强和彰显文化自信。

（2）转变政府职能

切实推动政府职能的转变，打破长期以来旅游就是经济、产业、商品的狭隘发展理念，强化旅游公共服务是各级政府工作重点和核心职能的意识，要完善公共文化服务和旅游公共文化服务体系，深入推动文化旅游惠民项目实施，丰富群众性文化旅游活动。

（3）培育促进消费

在公共文化旅游融合中，统筹考虑公众的基本文化旅游需求和多层次、多样化的文化旅游需求，推动公共文化旅游大众化与家庭化、个性化与多样化、休闲化与体验化、品位化与品质化，增强公共文化服务和旅游公共服务发展动力，培

育和促进文化和旅游消费。

（4）坚持分类指导

坚持因地制宜、区别对待，"宜融则融、能融尽融"，不搞"一刀切"，严禁盲目融合，不搞形式主义，推动公共文化旅游服务从粗放型向集约型转变，从单一的总量扩张向质量效益综合提升转变，努力提高融合的实效。

2. 加强公共文化旅游服务融合的顶层设计

（1）创新融合的统筹协调机制

要统筹好文化和旅游系统内的公共文化旅游设施、项目、平台、人力、资金等资源，使有条件的公共文化场所成为旅游公共服务场所、项目、平台；同时，还要统筹好系统外的宣传、组织，民政、科协、工会、团委、妇联、交通、自然资源、城乡建设、工信、应急管理等的公共文化旅游资源，解决旅游资源部门分割、条块分割的问题，做到系统内"合为一体"、系统外"无缝链接"。

（2）建立基本公共旅游服务标准体系

遵循公共文化服务"纯公益性"和旅游公共服务"准公益性"的发展规律和特点，进一步明晰旅游公共服务的内容和公共文化旅游服务融合形成的新服务业态，明确旅游公共服务和公共文化旅游融合服务的基本内容，纳入国家基本公共文化服务的范围，国家建立指导标准，省级制定实施标准，设区的市级、县级制定服务目录并组织实施。明确各级政府保障底线，做到事权与财权相匹配、保障基本、统一规范。

（3）策划统筹实施一批文化和旅游的惠民项目

结合广播电视村村通、公共数字文化、基层综合性文化服务中心建设、电影放映、农家书屋、送戏曲进乡村等文化惠民项目及国家智慧旅游公共服务平台、旅游服务中心建设工程、厕所革命推进工程、旅游"最后一公里"优化工程、国家旅游风景道公共服务示范工程、旅游观光巴士示范工程、旅游休闲绿道示范工程、自驾车旅居车营地公共服务示范工程、旅游区（点）道路交通标识体系优化工程、乡村旅游公共服务工程、红色旅游公共服务工程等旅游项目建设，找准最大最佳连接点，开展"公共文化设施、产品、服务＋旅游公共服务""旅游基础设施、交通便捷服务、公共信息服务、惠民便民服务＋公共文化服务"等公共文化和旅游惠民项目的试点探索。

（4）推动社会力量大力参与公共文化旅游的融合

公共文化服务和旅游公共服务融合要坚持政府主导，社会力量广泛参与，要把旅游公共文化服务和公共文化旅游服务融合形成的服务纳入政府向社会力量购买公共文化服务的范围。对适合采取市场化方式提供、社会力量能够承担的公共文化旅游服务，采取政府购买服务方式，交由社会力量承接，充分激发社会组织和市场活力，提升政府行政效率。破除公共文化旅游服务供给过多依赖政府单一主体，市场化发展存在体制机制的障碍。

（5）加强公共文化旅游服务融合的政策法制保障

尽快制定出台公共文化旅游融合发展的指导意见，明确其总体要求、主要任务、保障措施；对现有的《文物保护法》《非物质文化遗产法》《公共文化服务保障法》《公共图书馆法》《博物馆条例》等文化文物法律法规和《旅游法》《旅行社管理条例》《导游人员管理条例》等旅游法律法规进行清理，充实完善相关的法律条文，提高公共文化旅游服务融合的法制化水平。

3. 开展公共文化旅游服务融合发展示范区的创建

无论是传统的"吃、厕、住、行、游、购、娱"旅游要素，还是现代的"文、商、养、学、闲、情、奇"旅游要素，与公共文化服务的"看电视、听广播、读书看报、参加公共文化活动等"群众基本文化权益还是有差别的，可以说公共文化服务与旅游公共服务的融合是一个崭新的课题，许多问题现在是模糊的，需要我们在实践中总结经验，检视问题，加以解决，不断探索和创新。要借助创建国家公共文化服务体系示范区（项目）和国家全域旅游示范区的成功做法，以县为单位，开展国家公共文化旅游服务融合发展示范区创建工作，为国家层面整体推动公共文化旅游服务融合发展提供地方方案，贡献地方智慧。

关于公共文化与旅游融合发展的三个问题

蒋　璐　陈国战　郑以然 [①]

一、推动公共文化服务全面升级

长久以来，公共文化服务的对象主要是本地居民，无论硬件还是软件都无法满足旅游发展的需要，为此，还要在多方面加强建设，推动设施、服务、管理的全方位升级。

1. 设施升级

公共文化和旅游融合发展对公共文化设施提出了更高的要求。融合发展意味着公共文化设施的使用群体将极大扩展。除了本地居民，游客也将参观或使用图书馆、博物馆、文化馆等公共文化资源。这就要求公共文化场馆要提升承载力，适当扩大场地空间，增加设施数量。对于新建公共文化场馆，在选址上应充分考虑融合发展的需要，提升场馆在交通上的便利性。融合发展要求公共文化设施在功能上适用于外地游客，比如，更多地展示地方特色文化、建立具有文化感的旅游标识牌标准化体系等。公共文化设施只有切实提升自身吸引力，具备完善的参观接待条件，才能与旅游产业顺利对接。

2. 内容升级

公共文化作为旅游资源，离不开具有竞争力的公共文化内容。在这方面，除

---

① 蒋璐，首都师范大学文化研究院助理研究员。陈国战，首都师范大学文化研究院副研究员。郑以然，首都师范大学文化研究院副研究员。

了硬件设施升级，还应当注重给予游客独特难忘的游览体验。传统的旅游模式局限于参观景点，与当地人的生活缺少交集。如今，"下车拍照，上车睡觉"的观光旅游已经式微，备受欢迎的是各类"体验式旅游"。游客们探寻旅游目的地的风土人情，参与当地居民的日常生活。这种模式特别受到年轻人、外国游客的欢迎，体现了人们对于参与式、互动式旅游体验的偏好。在公共文化和旅游业对接的过程中，基层文化馆、文化站等公共文化机构有可能成为优质的旅游资源，成为新的旅游增长点。此外，充分利用地方公共文化特色，可以帮助打造文化旅游品牌，一些独具特色的公共文化场馆，如北京市朝阳区文化馆、天津市滨海新区图书馆等已经成为"网红"。

3. 服务升级

虽然，近年来公共文化机构的服务理念有所提升，但作为传统的事业单位，仍有重设施轻服务、重监管轻体验的倾向，与旅游服务的需要仍有很大差距。在融合发展过程中，公共文化机构应借助旅游业的服务理念，对公共文化服务质量进行提升。比如，鼓励博物馆延长开放时间，甚至开设夜间博物馆，通过错时开放来提高参访率。一些公共文化机构可以设置讲解员，提供专业的讲解服务，提升旅游接待水平；同时应鼓励博物馆文化创意产品的开发和销售，提升旅游文化消费等。

4. 管理升级

融合发展意味着公共文化机构将面临一次新的转型，在这一过程中，公共文化机构的体制结构、运营机制都需要全面升级，以适应融合发展的需要。例如，在公共产品提供上，公共文化机构除了提供公益性质的免费产品，在条件允许的范围内还可以提供文化旅游商品。目前，公益性文化单位的文创产品就具有此类性质。这也需要相关管理体制的配套，在营收方式、分配机制、激励手段等方面加以改革。再如，公共文化资源是国有资源，在其转化为旅游资源的过程中，需要一定的转化机制给予支持，像博物馆文物、非遗品牌形象的 IP 授权等，都必须有完善的权属规定和转化程序之后，才能与市场对接，充分发挥其旅游价值。还有，公共文化机构接待游客以后，不可避免地会产生资源紧张的状况，如何正确处理本地居民与外地游客需求、公益性服务与商业化经营、免费服务与优惠服务的关系，都需要在管理体制上加以探索。

二、吸纳旅游产业参与公共文化服务

旅游产业具有雄厚的资金实力，在资源开发、运营、推广方面形成了完整的产业链条。在融合发展中，应积极吸纳旅游产业参与公共文化服务，提升公共文化服务水平。其参与方式主要有以下几种。

1. 参与基础设施建设

融合发展意味着公共文化服务和旅游产业的基础设施将存在一定交叉，一些公益性公共文化场馆将承担旅游接待功能，而旅游设施也可向本地居民开放，实现设施共享。通过政府购买的方式，政府可以将公共文化设施的设计、建设、运营交由旅游业的市场主体承担。在这种情形下，旅游企业有动力建设公共文化设施，而政府也可以与旅游企业合作，提升财政资金使用效率，扩大公共文化设施供给量。

2. 参与公共文化产品提供

旅游产业的高度市场化、专业化使其能够成为公共文化服务的优质供应者，应创新工作思路，积极利用政府购买、外包、租赁等方式，充分鼓励旅游产业参与公共文化产品提供。例如，政府可以将一部分公共文化活动外包给资质过硬的文化旅游企业；文创产品的研发、文化项目的设计也可以委托旅游产业中的相应主体参加；图书馆、文化馆、博物馆、基层综合文化服务中心等公共文化机构的场地、设施等也可委托有能力的旅游企业运营管理。

3. 参与文化人才培养

公共文化服务领域长期存在专业人才匮乏的问题，这不仅与公共文化行业本身的吸引力不强有关，也与人才培养力度不够有直接关系。旅游产业是综合性强、跨界广、创意特征显著的现代服务业，在高度竞争和充分市场化的发展过程中，培育了一大批专业功底深厚、通晓客户需求、个人综合素质全面、服务能力意识强的人才。当前，公共文化服务部门一方面可以通过有吸引力的人才聘用机制，将旅游业现有的精英人才引入公共文化服务体系；另一方面，公共文化服务和旅游产业应当在培养人才方面建立合作机制，在专业性较强的文艺表演、景点讲解、民俗工艺等方面设置专门培训，培养一批既熟悉公共文化资源又了解文化旅游需求的专业项目策划、讲解、营销人才。

三、协调公共文化和旅游产业融合发展的体制机制

以往的公共文化服务工作主要由公共文化部门主导，旅游部门也有公共服务的相关职能。公共文化和旅游融合发展，意味着两个行业的公共服务要进一步整合，这就要求相关部门尽快制定公共文化与旅游融合发展的指导方针，确定整合方式和牵头部门，协调体制机制，对融合发展给予指导。

1. 整体规划

公共文化与旅游产业融合发展要求在规划编制和实施中统筹资源、通盘考虑，将二者的特点和需求纳入全域旅游的整体规划。在规划地方文化和旅游融合重点项目时，应找准公共文化与旅游产业的结合点，将公共文化融入重点文化旅游项目建设，积极培育以文物保护单位、图书馆、博物馆、文化馆、非物质文化遗产为支撑的体验旅游、研学旅行和传统村落休闲旅游等文化旅游活动。统筹规划文化和旅游融合项目的土地利用、设施建设、人才队伍等，实现公共文化与旅游产业资源共建共享。

2. 统一考核

公共文化服务从根本上说仍是政府提供的基本文化保障，公益性考核仍然是第一位的。公共文化与旅游融合发展，应注意保护当地居民的公共文化资源不被侵占，基本公共文化服务不受影响。在开发地方公共文化资源，特别是"非遗"等传统文化资源的过程中，应保护与利用并重，尊重和保护当地居民的生活空间。除此之外，要合理制定公共文化旅游景点的价格，体现公益性原则。在加入旅游产业融合发展的因素后，可以考虑将全域旅游的文化内涵纳入考核评比指标。例如，国家旅游局以往评选"优秀旅游城市"，将来可以评选"优秀文化旅游城市""文化旅游融合示范城市"等，以城市为载体，调动地方积极性。还可以借助旅游业的标准化做法，推动公共文化融入旅游，比如设置星级文化旅游博物馆、

5A 级公共文化景区等。

3. 加强政策配套

公共文化服务与旅游产业融合发展是文化和旅游融合发展的难点，涉及事业与产业政策的统筹、公益性与商业性的协调。因此，融合发展的关键在于加强政策配套，打通融合发展的体制障碍。深化公共文化机构改革，在法人治理、营收方式、分配机制、激励手段等方面加以改革，以适应融合发展的需要。鼓励引导社会资本参与融合发展项目的开发和建设。改进和创新公共文化和旅游产业专项资金投入方式，切实发挥财政资金对融合发展的带动作用。给予公共文化与旅游产业发展项目规划审批、税收减免、金融服务等方面的优惠政策，创造宽松的投资开发和建设运营环境，扶持融合发展项目快速健康发展。加强依法监管，在融合发展中要规范开发行为，做好对公共文化资源的保护和利用，对公益性服务和商业性服务设定严格标准，规范运营，建立相关监管机制，依法开展执法和监察。

4. 打造联合服务平台

无论是公共文化服务还是旅游都在发展各自的服务平台。在融合发展过程中，各领域的服务平台应该能够打通，统筹管理，提升服务效能，打造统一的文化旅游融合发展智慧服务平台。比如，旅游领域有信息发布平台、监管平台、预警和紧急救援平台等，应加强这些平台与公共文化服务领域的融合互通。同时，充分利用新技术，在公共文化资源数字化、公共文化和旅游资源大数据统计方面增加投入。应充分发挥服务平台的宣传推广作用，将地方的文化旅游资源推介出去。

公共文化与旅游产业融合发展的思考

曾博伟 [①]

　　"文化是旅游的灵魂，旅游是文化的载体"，文化与旅游紧密相连。促进公共文化与文化旅游产业融合发展，从发展路径上看，可以从博物馆、图书馆、文化馆等公共文化设施与文旅产业融合入手，再将其拓展到与文化相关的公共服务和文旅产业的融合，进而拓展到整个文化与旅游的融合发展，最终解决文化和旅游发展"两张皮"的问题。从服务对象看，过去公共文化设施的服务对象主要是所在地城乡居民，而旅游的关注点是外地的游客。但是从公共文化的供给来看，既不可能也没有必要将二者割裂开来。未来可以从口径更宽、涵盖更广的休闲的入手，立足于满足人民群众（包含居民和游客）的美好生活来提供更优质的公共文化服务。从工作思路上看，应该将产业和事业的关系协调起来。过去文化是事业强、产业弱；旅游则是产业强，事业弱。未来要取长补短，将二者各自的优势发挥出来，实现协同发展。具体可以从以下方面开展工作：

　　一是强化博物馆的旅游公共服务功能。2018 年 3 月 30 日，雒树刚部长在全国博物馆馆长论坛上指出："博物馆既是公共文化服务的重要阵地，又是旅游发展的重要载体。"目前，博物馆在公共文化服务职能方面发挥不错，但旅游服务方面存在一定差距。一方面要继续落实 2009 年《国务院关于加快发展旅游业的意见》（国发〔2009〕41 号）要求，在旅游旺季适当延长博物馆的开放时间和服务时间，并在此基础上将延长重点旅游区域博物馆开放和服务时间制度化。另一方面要通

---

　　① 曾博伟，北京联合大学中国旅游经济与政策研究中心主任。

过典型示范等方式，指导各地博物馆提高旅游服务水平。

二是逐步建立博物馆和重要文化旅游景点持证讲解制度。博物馆和文化旅游景点是传播优秀文化的重要阵地，但目前一些导游在文化旅游景点胡乱讲解的问题也很突出。建议借鉴法国等国文化讲解员持证上岗制度，全面提高文化旅游景点的讲解水平。2017年新修订的《北京旅游条例》也明确规定，在"故宫、天坛、颐和园、八达岭长城、明十三陵、周口店北京人遗址等列入世界文化遗产名录的景区实行讲解员管理制度"。下一步可以在北京等地探索经验的基础上，在全国推行这一制度。

三是支持重点旅游区域建设特色博物馆。博物馆在传播文化方面具有不可替代的作用，但是目前的博物馆基本集中在城区，这不利于充分发挥博物馆的功能。以国家地质公园为例，自然资源部门对地质公园最重要的支持方式就是建设一个地质资源博物馆。此外，一些特色博物馆的聚集区已经成为重要的旅游目的地，比如成都安仁古镇（抗战博物馆群）、韩国济州岛（泰迪熊博物馆等）、日本三鹰市（宫崎骏博物馆等）都是旅游热点区域。建议出台政策支持重点文化类旅游景区、文化类旅游小镇和重点旅游城市建设特色博物馆，以进一步提高旅游的文化内涵。

四是将旅游公共服务设施纳入公共文化服务设施统筹考虑。尽管旅游业发展很快，但旅游公共服务并没像公共文化服务一样，被纳入国家公共服务体系，目前旅游公共服务投入较少且缺少稳定的资金来源。另外，像农家书屋等公共文化服务设施使用率低和乡村旅游公共服务设施不足的矛盾并存。建议在一些旅游热点区域，在公共文化服务设施建设运营中同时考虑旅游的需要；同时，有必要将旅游公共服务和公共文化服务一起，纳入整个公共服务体系，建立稳定的旅游公共服务投入机制。

五是推动文化元素全面注入旅游各个环节。在旅游过程中对文化的体验，并不限于对具体某个文化景点的参观，更多的是在吃住行游购娱，甚至如厕等各个环节的文化体验。近年来，文化主题酒店、文化主题餐饮越来越受到各个旅游目的地的重视。文化和旅游部门应该顺应这一趋势，鼓励和支持各地将地方特色文化融入旅游各环节之中。以旅游购物为例，精美的文创产品受到游客热烈追捧，故宫一年的文创产品销售就达到 10 亿。与此相对的是，在许多文化类景区，旅游纪念品简单模仿、粗制滥造的情况也很普遍。未来有必要打破垄断，通过在博物馆等文化旅游景区引入创意设计团队联合开发经营等方式来改变这一状况。

六是对重点区域的文化旅游投资项目开展文化评估。目前在一些文旅项目中，歪曲中国传统文化、盲目引进国外文化、误导游客的情况时有发生，对此有必要采取措施加以规范和引导。2018 年国家发改委等五部门出台的《关于规范主题公园建设发展的指导意见》就明确提出要实现主题公园多样化、特色化、差异化、内涵式发展，防止模仿抄袭、低水平重复建设，鼓励将中华元素融入主题公园游乐项目，积极弘扬社会主义核心价值观。未来文化和旅游部可以借鉴环境影响评价的做法，探索建立文化旅游投资项目文化评估制度。

七是积极制订和推广文化旅游标准。过去旅游部门通过标准化的方式提高了自身行业管理的能力，同时也极大地促进了旅游相关企业和旅游目的地服务质量的提高。像旅游星级饭店评定标准、A 级景区评定标准等，都在实际工作中发挥了很大的作用。相对于工业领域，服务领域的标准化建设明显滞后，下一步有必要加强和改进文化旅游标准化工作，通过标准化方式对文化旅游发展的相关领域进行管理、规范和引导。

八是加强文化和旅游在宣传营销方面的融合。宣传营销是世界各国旅游部门的首要任务。文化和旅游部的成立，有助于更好地整合文化和旅游部门过去的宣传资源，形成文化旅游营销的合力。未来有必要在优化文化旅游内部宣传资源的基础上，进一步整合外宣资源，构建立体化、全方位的文化旅游宣传体系。同时，要系统梳理中国的文化资源，根据不同的国际旅游市场，有针对性地开展对外宣传，通过"旅游引进来"，实现"文化走出去"。

九是培育新型文化旅游目的地。地方是落实文化旅游发展的主体，要将指导和推进地方文旅建设作为工作的重点。过去文化部门在文化公共服务体系示范区建设、旅游部门在优秀旅游城市、全域旅游示范区创建等方面都积累了不少的经验。建议将两个部门的工作优势有效结合，在现有的全域旅游导则中增加文化建设方面的内容；未来通过有计划、有组织地创建文化旅游村、镇、县、城市等方式，引导各地文化旅游发展。

十是积极服务国家战略，提高文化旅游在国家战略中的位势。过去文化和旅游都在国家战略中发挥了积极作用，下一步需要共同参与各项国家战略。比如，在乡村振兴中，将文化保护和旅游发展有机结合起来，让乡村真正成为"记得住乡愁"的地方；在脱贫攻坚中，将旅游扶贫和文化扶贫联动，通过帮助贫困地区挖掘文化内涵和打造特色文化旅游产品来提高旅游吸引力和竞争力。

文化和旅游融合是一项系统工程，除了公共文化之外，在非物质文化遗产的旅游利用、旅游演艺、传统文化的活态保护、文化产业和旅游产业的互动与统计等方面，文旅融合都还有很大的工作空间。可以考虑启动文化旅游融合相关政策的系统研究，并在适当时机以中央或者国务院名义发布文化旅游融合发展意见。

文旅融合背景下文化馆（站）发展的新路径

徐 玲[①]

2018 年 4 月，文化和旅游部正式挂牌，当年年底，各省级文化和旅游行政部门纷纷完成合并。2019 年 1 月召开的全国文化和旅游厅局长会议上，文化和旅游部党组书记、部长雒树刚提出了在理念、职能、产业、市场、服务、对外和对港澳台交流六方面文旅融合要求。这六个方面是一个整体，缺一不可，但又有各自的侧重点，蕴含了文化和旅游打破疆界、互相渗透后诞生的新生业态和新的增长点。文化和旅游工作迎来了新的历史发展机遇。

文旅融合，不是两个机构职能的简单叠加，在新时代的大背景下，新组建的文化和旅游部门，要推动文化和旅游高水平融合、高质量发展，就需要加快进行文旅融合发展的理论和实践探索，按照"宜融则融，能融尽融，以文促旅，以旅彰文"的要求，深入挖掘二者的共通之处、重合地带，找到"最大公约数"和"最佳连接点"。

一、文旅融合与公共文化服务体系建设

当前，中国特色社会主义进入新时代，我国社会主要矛盾已经转化为人民日益增长的美好生活需要和不平衡不充分的发展之间的矛盾。我国公共文化服务体

---

① 徐玲，研究馆员，北京文化艺术活动中心理论调研部主任，中国文化馆协会理论研究委员会委员，全国文化馆标准化技术委员会委员。

系建设近年来从顶层设计到基层实践，都有了长足进展。2015 年，中办、国办《关于加快构建现代公共文化服务体系的意见》和《国家基本公共文化服务指导标准》出台，作为公共文化服务体系建设的纲领性文件，对推进基本公共文化服务标准化、均等化，保障人民群众基本文化权益做出了全面部署。2016—2019 年，一系列公共文化服务领域重磅文件出台，特别是 2017 年 3 月 1 日起施行的《中华人民共和国公共文化服务保障法》标志着我国公共文化服务法律保障取得了历史性突破——人民群众基本文化权益和基本文化需求实现从行政性"维护"到法律"保障"的跨越。

公共文化建设在顶层设计引领下，坚持重心下放、资源下沉、服务下移，加快建立覆盖城乡、便捷高效、保基本、促公平的公共文化服务体系，增加人民群众的幸福感、获得感、自豪感。但不可否认的是，当前公共文化服务还存在着不少短板，如公共文化设施建设总量不足、布局不合理，大量设施闲置、利用率低；公共文化服务内容和模式陈旧，公众知晓率低，服务效能差等，尚不能满足人民群众的需求。

在旅游领域，2018 年我国境内旅游的人数是 55 亿人次，一年人均出游 4 次，旅游已经成为人民幸福生活的必需。但是，节假日等旅游高峰期出行难、停车难、入园难、赏景难、如厕难，酒店和餐饮卫生不达标、服务不规范、游客不满意等现象在很多地方还不同程度存在。

1985 年，世界旅游组织提出了关于"文化旅游"的狭义定义，即"人们出于文化动机而进行的移动，如，研究性旅行，表演艺术，文化旅行，参观历史遗迹，研究自然，民俗和艺术，宗教朝圣的旅行、节日和其他文化事件的旅行"。2017 年，世界旅游组织重新定义文化旅游时指出，文化旅游的基本动机是学习、发现、体验和消费旅游目的地的物质和非物质文化景点。文化旅游景点涉及社会独特的物质、文学、精神和情感特征，包括艺术和建筑、历史和文化遗产、烹饪遗产、文学、音乐、创意产业、生活方式、价值体系、信仰等。

从概念的变迁，我们可以看出，与 30 多年前相比，文化旅游的动机更加多样，目的地范畴更加宽广，与人们的日常生活结合得更为紧密，也与人的情感、精神、价值、信仰等内在要素更加息息相关。正如人们所说，文化是旅游的灵魂，旅游是文化的载体。文化使旅游的品质得到提升，旅游使文化得以广泛传播。通过文化和旅游的融合发展，文化可以更加富有活力，旅游也会更加富有魅力。联合国世界旅游组织指出，全世界旅游活动中约有37%涉及文化因素，文化旅游者以每年15%的幅度增长。文化与旅游公共服务的深度融合发展，可以充分发挥二者优势，使双方资源实现整合，形成优势互补，提高服务质量和服务效能，使公共服务更具有普惠价值，对于二者有共同的弱项，又可以在最大限度内统筹规划，降低发展成本。

二、文旅融合的国际国内探索实践

当前，在文旅融合方面的成功案例大多是围绕文化产业和旅游产业的融合发展。比如旅游与演艺和地域性节庆活动的结合。如众所周知的塞尔维亚世界音乐节、英国爱丁堡国际艺术节等国际知名文化艺术节，每到举办周期都吸引了大量游客。

又如影视旅游目前已是很多旅游目的地一个新的旅游发展驱动因素。一部成功的电影、电视剧，甚至是综艺节目往往能够起到营销目的地的作用，如《指环王》的成功使新西兰的旅游知名度大幅度提升。前几年火爆一时的《爸爸去哪儿》直接带火了北京古村、东北雪乡、宁夏沙坡头等多个之前名不见经传的景点。近几年来，动漫在青少年中受欢迎的程度越来越高，著名的C92日本动漫同人展吸引了大量来自世界各国的粉丝群体，催生了国内旅行社增添专门的C92看展线路。在世界各地，有名气、有特点的美术馆、博物馆、纪念馆很早就进入旅行社和游客视野，被编入旅游路线，例如去巴黎旅游必到罗浮宫参观，去西安不去陕西省历史博物馆也是一大缺憾。在旅行社线路设计上，不少名人故居、纪念馆、博物馆本身就已成为旅行目的地。近年来，我国公众对于历史文化的热爱持续升温，加上博物馆的设施建设、展览设计水平以及藏品数量不断提升，更多自助游游客养成了每到一地参观当地博物馆的习惯。

图书馆，这个被作为"人间天堂"所推崇的公益性文化设施，除了提供阅读和文献资源服务外，在旅游融合方面也有了新的进展。图书馆的文旅融合不仅体现在图书馆与博物馆的融合，也体现在图书馆的文化地标、景点观光、旅游购物、文化休闲等功能之中。美国西雅图中央图书馆曾先后获得美国《时代杂志》2004年最佳建筑奖与 2005 年 AIA 荣誉奖（美国建筑业界最高成就奖）。这一几何叠层的奇特建筑成为西雅图城市的重要文化地标，也成为旅游者光顾的著名景点。

进入 21 世纪以来，中国公共图书馆在文旅深度融合方面开展了诸多探索，提供了各具特点的实践案例，一些设计新颖、独特的图书馆也吸引了海量的游客。2017 年，美国《时代周刊》列举的 100 个全球最美地方的照片中，天津滨海图书馆排列首位。美国《财富》杂志也对天津滨海图书馆进行了介绍，认为滨海图书馆以一个球形中庭和从地板连接到天花板的书架为特色，成为一个书迷的终极幻想。该图书馆由荷兰建筑公司 MVRDV 与天津城市规划设计院（TUPDI）合作，是一个五层的空间，从外部看起来像一个三维的眼睛。通过媒体传播，滨海图书馆迅即成为网红图书馆，成为全球最著名的文化旅游景点之一。

近年在国内成为网红景点的还有一个矗立在海边的"孤独图书馆"。这个图书馆位于河北省秦皇岛南戴河，属于一个叫作"阿那亚"的地产开发项目，坐落于高档社区里，对于社区业主或是房客无条件开放，其他人想要进去，必须提前预约，且每日有限额。目前看来，到访人群主要是以旅游打卡为目的。

在文旅融合方面，文化馆（站）的探索实践目前成功的案例不多，但是不代表文化馆（站）没有可供挖掘的资源，学习美术馆、博物馆、图书馆的先进经验，研究规律，找到自己的路径，文化馆（站）的文旅融合发展会有很大的发展空间。

三、文化馆（站）在文旅融合背景下的发展路径

当前，国家提出了全域旅游的概念，即在一定区域内，以旅游业为优势产业，对区域内经济社会资源，尤其是旅游资源、相关产业、公共服务、生态环境、政策法规、体制机制、文明素质等进行系统化、全方位的优化提升，实现区域资源有机整合、社会共建共享、产业融合发展，是以旅游业推动经济社会和谐发展的一种全新的区域协调发展的理念和模式。

全域旅游对区域的整合统筹发展作用，可以促进公共文化服务填补空白，补

齐短板。比如公共文化设施闲置浪费、服务效能低下是公共文化服务体系构建亟待解决的问题之一，文旅融合，特别是全域旅游提倡的区域协调发展的理念和模式为之提供了新的思路。公共文化设施可以通过在公共艺术空间营造、优质文创产品开发、本地文化内涵挖掘、民族民间工艺及非物质文化遗产的展示体验、互动式特色演艺等方面的精心策划实施，吸引更多受众，提供更多服务样式，既提高了公共文化设施的使用效率，又拓展了服务对象和服务领域；既为本地居民提供了更丰富的服务内容，也为游客带来了更好的体验。

比如，浙江省温州市致力于打造的文化驿站，是时尚化、休闲式、文艺范的公共文化服务的扩展空间。市文化馆文化驿站位于该馆二楼的一空置展厅，原来利用率很低。文化驿站建成后，营造了浓郁的文化氛围，精心设计的环境里，摆放着原木的桌椅、绿植，放置了时尚及经典的书籍、海报，并提供各式茶点等，通过举办"在温州·游世界"系列沙龙，吸引了大量人群，极大地拓展了原文化馆的服务半径，也为当地"瓯"文化与各地文化交流提供了一个新的平台。

笔者认为，公共文化领域，特别是文化馆（站）要抓住文旅融合的时代机遇，把文旅融合与自身的转型升级相结合，至少要从 5 个方面加以考虑，即设施融合、管理融合、服务融合、资源融合以及人才融合。

1. 设施融合：拓展升级，打造高颜值、有内涵的文化地标

从全国来看，在设施空间的文旅融合上，已经有不少先行者，如广东实施"产区变景区、田园变公园、劳作变体验和农房变客房"的四变工程，着力开发了一系列"海陆空"旅游新业态新产品。浙江现有民宿 1.6 万家，已超过省内星级饭店规模，直接就业 9.8 万人，成为乡村产业兴旺、助力实施乡村振兴战略的重要载体。

当前成为网红旅游打卡地的图书馆"书屋"不再罕见，但是很少见到"网红"的文化馆（站）。这跟文化馆（站）的设施建设缺乏个性、缺乏艺术性有关。文化馆（站）在设施建设方面的欠账太多。很多地方文化馆（站）还没有实现全覆盖，建成的仍有许多尚未达标，达标的大多注重面积和布局，不太关注公共艺术氛围的营造，这样的文化馆（站）不管是对于游客还是本地居民都缺乏吸引力。纵观能够吸引游客驻足的公共文化设施，除了营销给力之外，都有自己的独到之处，或者是建筑外观,或者是内部格局,不管是未来科技感,时尚小清新,还是古色古香,总能给游客提供不同的美学体验。所以,在完善设施的前提下,提升文化馆(站)的"颜值"和艺术氛围,使之成为现代文化地标,是融合发展的第一步,二者并不割裂,新建或重建文化馆(站)可以同步进行。

设施的融合发展,源于职能的增加。如宁波"一人一艺"乡村艺术普及计划中创立的"乡村文旅中心"包含四项功能:游客服务站、文史展示厅、乡创工作坊、艺普讲习所。这是在浙江乡村文化礼堂的基础上增加了游客中心的服务功能。对于传统文化馆站来说,展览展示、培训辅导、活动组织都是常设功能,加入旅游元素后,功能的实现方式都需要进行重新包装,以适应新的人群。游客中心是个新功能,它会增加公共文化事业跟文化创意产业的互利共享。

2. 管理融合:对接标准,合并转化,探索新路径

公共文化服务和全域旅游都有各自的建设规划和路线图。公共文化领域有国家公共文化服务示范区,迄今已经批准建立了3批,第4批正在创建中。旅游也有全域旅游示范市。两个示范区(市)完全可以充分结合,在建设标准上、考核评估上提出一个新的指标体系,地方政府会提高行政效率,人民群众也会最大限度受益。当前,江苏提出主动对接全域旅游示范市等全新创建项目。江西致力于把绿色生态、红色文化和地域特色等优势转化为旅游发展优势,充分激发旅游发展新动能。文化馆站也要及早研究、确定与旅游公共服务的对接点,文旅互相吸纳,互相促进,设立共通标准,实现科学管理。

宁波在"一人一艺"乡村艺术普及计划中为农户壹艺坊制定互动标准、形象标准、卫生标准、服务标准、休闲标准五大标准,对其进行规范化管理,探索公共文化服务和旅游发展有机结合的管理新路径。

3. 服务融合:立足地域特色,线上线下,综合激发新动能

文旅在服务方面的融合是最能让人民群众有获得感的。文化馆站的服务主要是通过组织文化活动,提供展示平台和进行艺术普及培训实现的。对于文化馆站来说,公共文化和旅游的融合意味着对参与人群的拓展和对原有培训和活动项目的重新设计。如宁波的乡野艺术节包含乡野音乐、乡野互动、乡村会演和乡野集市四大版块,将乡村文化特色与城市现代文化相互融合,吸引年轻力量重新涌入乡村，为时尚潮流的年轻人规划了精彩纷呈的系列活动，同时也激发年轻人在乡村生活中进行创新和创造，为乡村注入了年轻力量、激发新鲜活力。

广东省佛山市的智能文化家是在智能文化馆基础上打造的综合性的公共文化服务空间，它集智能化、全功能为一体，为市民提供书刊借阅、美学欣赏、艺术展览、文化讲座、影音鉴赏、交流分享、教育培训、咖啡轻食等多样化服务。智能文化家提供的服务是综合性的，通过先进的智能设备，促进文化与科技的融合，开展线上与线下活动，通过统筹协调图书馆、文化馆、博物馆、美术馆、文艺团体、社会组织等各级各类文化资源，实现共建共享，为市民提供生活化的文化服务。

很多文化馆有自己创编的本土特色鲜明的优秀群众文艺舞台作品，这种作品可以通过一定的打磨和营销，成为受欢迎的旅游产品。如深圳市罗湖区文化馆坚持以"推广深圳本土文化，宣传罗湖正能量"为宗旨，以创建"深圳本土的明星剧场和明星剧目"为目标，把 09 剧场《军哥剧说》系列打造成为具有较大影响力的公共文化服务创新示范品牌。通过"脱口秀＋戏剧小品"的模式，融合时代元素，制造主题鲜明、形式创新、风格独特、感染力强的系列戏剧小品，励志幽默、寓教于乐，为群众提供优质公益的文化服务产品。这种产品完全可以成为优质旅游文化产品，成为到深圳特区旅游的必看剧目。

4. 资源融合：挖掘内核，共享成果，提高效能

当前，上海加大深度挖掘建筑和街区文化的力度，力图打造一批"建筑可阅读，街区可漫步"的都市微旅行精品，提出实现"建筑可阅读"、讲好"上海故事"是每个上海文化旅游人的重大责任。在这方面，有着多年的民族民间文化遗产保护工作经验和队伍、拥有非遗普查成果积淀的文化馆（站）显然更加接地气，也更加有底气。以文化馆站为骨干，全面展开基层文化旅游资源调研工作，必然会挖掘出更多更丰富的文化旅游资源。而旅游发展，又会给文化馆站带来文化创意、营销推广方面的进益，带来知名度和参与度的提升，全面提高文化馆（站）的社会影响力。

成都市对于街头艺术表演的资源整合颇具借鉴意义。街头艺术表演被开创性地纳入公共文化统一管理并交由成都市文化馆组织实施，盘活了城市文化资源，增加了优质公共文化服务供给。截至 2018 年底，成都市共完成艺人招录 4 批，累计 153 组共 260 人，组建街头艺人资源库，举办首届成都街头艺人音乐节和街头艺人音乐嘉年华等音乐活动，吸引现场观众 60 余万人次。公益性质的街头艺术演出，彰显了成都"音乐之都"的文化内涵和艺术气质，丰富了游客的旅游体验，促进了旅游消费，也创新了文化馆的公共文化服务职能，为适应人民精神需求的新时代文化馆提供了实践经验。

5. 人才融合：打破疆界，互通有无，催生新型复合人才

据媒体报道，2018 年 11 月，中共中央宣传部、文化和旅游部共同主办了全国红色故事讲解员大赛，通过以赛促训的方式，提升了讲解员讲好红色经典故事的能力，推出了一大批感染人、教育人、鼓舞人的红色故事，并确定在江西、湖南、上海、遵义、延安五省市开展红色旅游五好讲解员建设行动试点。

文化馆（站）的基本职能是全民艺术普及，业务工作主体是文化工作、艺术工作。文化馆站在开展基层文化活动、辅导培训方面有比较完善的国家—省市—区县—街道乡镇—社区村的工作网络，也有多年的文化活动经验和文艺骨干队伍，有数字化平台，有师资力量，旅游方面可以充分利用起来，双方各自发挥自己的优势，促进文旅融合新型人才的涌现。成都对街头艺人的"收编"，就卓有成效地壮大了该市的公共文化骨干队伍。

综上所述，文化和旅游融合发展不仅空间广阔，而且大有可为。当前，强力推进中的覆盖全社会的公共文化服务体系建设与正处在"黄金机遇期"，并积极发展"全域旅游""全域服务"的中国当代旅游业发展形成了历史性交汇。对于公共文化服务机构来说，这是一个难得的发展机遇，对于文化馆（站）来说，这更是一个提质增效、转型升级的历史契机。文化馆（站）要应时而上，借势而为，主动运作，积极拓展，推动文化和旅游真融合、深融合，抓住这个文化馆站在新时代转型升级的崭新增长点，拓展服务半径，惠及更广大人民。

文旅融合：文化旅游与旅游文化的发展思考

张凌云 [①]

　　随着文化和旅游部的成立，文旅融合已成为一个热词高频出现在政府文件、新闻报道、研究报告和学术论文中，"宜融则融、能融尽融"也成为文旅部门从事文旅融合工作的指导原则。但事实上，从某种意义上说，文旅是同体的，文旅的融合可上溯到改革开放初期优先发展的入境旅游，当时外国游客来华主要是游览长城、故宫、颐和园、十三陵、承德避暑山庄、秦兵马俑、大小雁塔、龙门石窟、少林寺、苏州园林、杭州西湖、安徽黄山等景点，这些旅游吸引物绝大部分是历史文化资源或历史文化遗存。只是当时旅游与文化（文物）分属两个不同的管理部门。因而出现了行业管理在旅游部门，资源管理在文化（文物）部门。但在旅游产品层面早已融为一体。早在20世纪80年代初，已故著名学者于光远曾对旅游与文化的关系，说过如下的名言："旅游是经济型很强的文化事业，又是文化性很强的经济事业。"这句话揭示出旅游具有经济和文化的双重属性。知名旅游学者魏小安也早在1987年撰写过《旅游文化与文化旅游》一文，分析了旅游者出游两类不同的文化动机，即寻找文化差异和文化认同。这些都说明了无论是在旅游业实践中，还是在旅游理论研究中文旅融合已经成为现实。进入新时代后，随着旅游消费的升级和旅游产业的提档增效，我们需要从更广的视野，更全面系统地深化对文旅融合的认识。

---

　　① 张凌云，北京第二外国语学院教授。

一、什么是文化？

要讨论文旅融合，首先要从文化的定义和概念谈起。文化是一个非常复杂多义的概念，不同的学者对文化一词的内涵和外延的认识迥然有异。美国著名文化学专家克罗伯（A. L. Kroeber）和克拉克洪（D. Kluekhohn）在1952年发表的《文化：一个概念定义的考评》一书中共收集了166条文化的定义。其中较有代表性的有以下几种：

① 泰勒（Edward Tylor，1871）：文化或文明是一个复杂的整体，它包括知识、信仰、艺术、法律、伦理道理、风俗和作为社会成员的人通过学习而获得的任何其他能力和习惯。（描述性定义）

② 帕克和伯吉斯（R. E. Park，E. Burgess，1921）：一个群体的文化是指这一群体所生活的社会遗传结构的总和，而这些社会遗传结构又因这一群体人特定的历史生活和种族特点而获得其社会意义。（历史性定义）

③ 威斯勒（Clark Wissler，1929）：某个社会或部落所遵循的生活方式被称作文化，它包括所有标准化的社会传统行为。部落文化是该部落的人所遵循的共同信仰和传统行为的总和。（行为规范性定义）

④ 斯莫尔（Albion Woodbury Small，1905）："文化"是指某一特定时期的人们为试图达到他们的目的而使用的技术、机械、智力和精神才能的总和。"文化"包括人类为达到个人或社会目的所采用的方法手段。（属心理性的定义）

⑤ 威利（Arthur Waley，1929）：文化是一个反应行为的相互关联和相互依赖的习惯模式系统。（结构性定义）

⑥ 亨廷顿（E.V. Huntington, 1945）：我们所说的文化是指人类生产或创造的，而后传给其他人，特别是传给下一代人的每一件物品、习惯、观念、制度、思维模式和行为模式。（遗传性定义）

1982年，在墨西哥城举行的第二届世界文化政策大会上，与会的专家学者一致同意采用一个外延更为宽泛的文化概念："文化在当下应当被看作是赋予一个社会或社会群体以特点的那些精神的和物质的、理智的和情感的特征的完整集合，除了各种艺术和文化素材外，它还包括生活方式、人的权利、价值系统、传统和信仰。"这一文化概念的解释基本概括与包含了上述的各流派的定义。

从文化的分类上看，一般地，文化可以分为：

① 物质文化（衣食住行）；

② 社会文化（艺术、民俗、宗教、制度、法律等）；

③ 哲学文化（包括社会和生活观念、审美观念）。

另有狭义的文化是指各类艺术：

① 造型艺术（绘画、雕塑、书法、摄影、建筑、工艺美术）；

② 表演艺术（音乐、舞蹈、曲艺、杂技）、综合艺术（电影、电视、戏剧、戏曲）；

③ 文学艺术（小说、散文、诗词、歌赋）、数字艺术（动漫、电游、3D/4D、VR/AR）等。

理解文化的定义、概念和分类有助于厘清文旅融合的内容、范围、方式和形态。

二、什么是旅游？

与文化概念一样，旅游也是一个非常复杂多义的概念。笔者曾在 2008 年第 1 期《旅游学刊》上发表的《国际上流行的旅游定义和概念综述》一文中，综述了国外学者 30 种旅游定义和概念，其中较有代表性的有以下几种：

① 奥地利学者施拉德（H. V. Schllard，1910）：旅游是外国或外地人口进入非定居地并在其逗留和移动所引起的经济活动的总和。

② 德国学者莫根罗特（W. Morgenroth，1927）：暂时离开自己的住地，为了满足生活和文化需求，或各人的各种愿望，而作为经济和文化商品的消费者逗留在异地的人的交往。

③ 德国学者格吕克斯曼（R. Glücksmann，1935）：旅游是在旅居地短时间旅居的外来者与当地人之间各种关系的总和。……旅游是一种与人际关系和人类交流相联系的社会现象。

④ 瑞士学者亨齐克和克拉普夫（W. Hunziker，K. Krapf，1942）：旅游是非定居的旅行和短暂停留而引起的一切现象和关系的总和。这种旅行和逗留不会导致长期居住或从事任何赚钱活动。20 世纪 70 年代，这一定义被旅游科学专家国际联合会（IASET）采纳，故又称为"艾斯特"（IASET）定义。

⑤ 美国文化人类学者贾法利（J. Jafari，1977）：旅游是离开常住地的游人、满足游人需要的产业，以及游人、产业和旅游地三者的社会交换给旅游地带来综合影响的一种社会文化现象。

⑥ 美国旅游学者戈尔德耐和里奇（C. R. Goeldner，J. R. Brent Ritchie，2005）：旅游是在吸引和接待旅游和访客过程中，由游客、旅游企业、当地政府、当地居民相互作用而产生的现象与关系的总和。

从上述国外学者对于旅游的定义和概念可看出，旅游具有多面性，可以从不同的视角来定义。旅游是人的需要和消费活动，也是一项产业，甚至其本身就是一种社会文化现象。这种现象的产生源自游客的旅游动机和旅游需求，由此才有旅游活动和旅游消费，在市场经济条件下，为了满足旅游者的需求，从供给侧看，就会形成旅游产业和旅游经济，如果这种旅游消费和服务交付是跨越国境的话，就会产生旅游贸易（服务贸易）。旅游消费不仅仅限于旅游者个人，还会影响到旅游目的地的当地居民，诸如旅游"飞地"和旅游社区（主客共享）之类聚落空间出现，凡此种种都构成了一种独特的旅游现象。在这个发展链条中，可以说文化因素无处不在，随处可见。鉴于旅游概念的多样性和综合性，联合国世界旅游组织（UNWTO）给出了一个非常简洁的操作性定义：旅游是一个人离开其惯常环境 24 小时以上，不超过一年，并在到访地不从事报酬的活动。也就是说，旅游是在非惯常环境下的一种特殊的、短暂的（短期、暂时）生活体验和生活方式。

三、文化与旅游融合的不同层次和维度

首先，文化与旅游的关系，可以分别从文化旅游与旅游文化两个不同的维度来认识。

1. 文化旅游

关于文化旅游，《国际文化旅游宪章》（*International Cultural Tourism Charter*，2002 年 12 月）曾给出的定义是：主要指将重点放在文化和文化环境上的旅游，文化环境包括目的地的景观、价值和生活方式、遗产与表演艺术、工业、传统和当地居民或东道主社区的休闲活动。它可以包括出席文化活动、参观博物馆和古迹遗址并与当地人民融洽交流。……包括所有游客在该地点经历的在他们自身生活环境（惯常环境）中不曾经历过的感受。

我国旅游业国家标准《旅游业基础术语（GB/T 16766—2017）》中对于文化旅游（cultural tourism）给出的解释是：以观赏异国异地传统文化、追寻文化名人遗踪或参加当地举办的各种文化活动的旅游。

具体地，文化旅游是以文化为主题和内容的旅游，文旅融合可以从下列几个不同层面来认识：

（1）旅游资源层面

文化旅游资源是与自然旅游资源相对应的一种资源类型。两者的关系如下图所示：

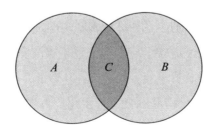

图 1　文化旅游资源是与自然旅游资源关系图

自然旅游资源是指在自然条件下，没有或较少受到人类活动影响的旅游资源，所形成的壮美景观。如原始森林、草原湿地、冰川雪上、戈壁沙漠、峡谷瀑布、大江大河、野生生物等。文化旅游资源是由于人类活动而构成的旅游资源，所形成的各种人文景观，既包括各类历史遗址和遗存，也包含现代建设的人造景观；既包括物质的，也包含非物质的。自然旅游资源与文化旅游资源也不总是泾渭分明，非此即彼。不少旅游资源是兼有自然和文化两重属性，亦此亦彼。如图 1 中的 C（A∩B），即 A 和 B 的交集。这有些类似于世界遗产中的自然与文化复合遗产（俗称"双遗产"）和文化景观。

（2）旅游产品层面

旅游产品与文化产品的互相融合。在图 1 中，若 A= 传统的旅游产品，B= 文化产品，C= 文旅融合产品。一些传统的旅游产品除开发利用现有的历史遗址遗存外，很少从文化上深入挖掘和展示。文旅融合产品就是在旅游产品开发中导入文化产品或元素，如表演艺术、非物质文化遗产、文化创意等。此外，传统的文化产品开发与经营一般都不是以旅游者为对象，一些博物馆和美术馆也缺少旅游接待设施和功能，文旅融合也是在传统的文化产品开发上叠加旅游功能，满足游客需要。文化资源作为一种旅游吸引物，可以贯穿到整个旅游过程，包括旅游活动、旅游方式。如物质和非物质文化遗产、主题乐（公）园、旅游演艺、旅游纪念品等。

（3）旅游产业层面

旅游业具有很强的综合性、渗透性、交叉性和开放性。旅游产业与文化产业的融合空间很大、发展潜力无限。在图 1 中，若 A= 旅游产业，B= 文化产业，属狭义的文化概念，C= 文旅融合产业。产业是同类产品的集合，产业的概念较之产品更广泛，规模也更大。迪士尼和环球影城就是典型的文旅产业融合产物，是电影产业与游乐园景区业的融合；旅游演艺也是表演产业与旅游景区业的融合；民宿则是住宿业与创意设计界（业）的融合。与资源、产品层面的融合不同，文旅产业之间的融合一般都是跨界融合，且由此培育形成一种新的产业形态（业态）。这种跨界融合，既可以在旅游产业里融入文化产业（旅游＋），也可以在文化产业里融入旅游产业（＋旅游），无论是以旅游为主，还是以文化为主，融合发展就是催生形成文旅交融的新业态。

文化旅游的兴起，主要是与社会经济快速发展、居民生活水平日益提升、旅游消费升级、旅游者对精神文化产品需求持续增加、市场对文化的关注度大幅提高有关。文化旅游是旅游产品和旅游产业优化升级的重要途径。

2. 旅游文化

文化旅游主要是在资源、产品、产业层面的融合，而旅游文化则是一种文化现象。狭义地看，旅游文化是一种现代消费文化，是旅游活动所形成的文化属性，属于文化的一种类型，涉及旅游者需求、旅游服务供应商对于旅游产品的审美偏好和价值取向。广义地看，涉及旅游者、旅游投资者、旅游经营者、旅游管理者、旅游目的地政府和居民等各相关利益方，是社会文明进步的标志，旅游文化是我国文化建设中的重要组成部分。在图1中，A= 文化旅游（产品、产业、事业），B= 旅游文化（制度、规约、习俗），属广义的文化概念，文旅融合 C=A∪B，即为 A 与 B 的并集，这是最为广义的文旅融合概念。

我们常说"文化是旅游的灵魂，旅游是文化的载体"。前一句中的旅游可以理解为旅游产品或产业，说的是文化旅游，而后一句的旅游则是指旅游活动或旅游现象，说的是旅游文化。这种递进关系反映了旅游由经济活动上升为一种文化现象的发展演化过程。旅游作为一种文化现象，涉及传统文化的传承与发展、创意与创新，以及现代文化的流行与时尚。

旅游文化具有很强的传播与交流功能，是不同文化之间学习与互鉴、包容与理解的和平力量。例如尽管有些游客不信宗教或持不同宗教信仰，但不妨碍他们去世界各地欣赏各种宗教建筑和艺术，如天主教堂、清真寺、佛教寺庙、印度神庙、道观洞窟等。其中有些建筑已经被联合国教科文组织（UNESCO）列入世界文化遗产，成为全人类共同的文化财富。是旅游为不同文明之间的学习与交流提供了载体。

文明旅游是一种旅游文化的体现，文明旅游不仅仅只是游客文明出行，国民素质教育与良好行为养成，还包括营造文明的旅游环境，如对于外来游客友好友善、市场竞争井然有序、交易各方诚实守信、接待设施的人性化和无障碍环境，以及对目的地传统文化的尊重和生态资源的保护和生态文明等。

习近平总书记提出"绿水青山就是金山银山"的科学论断，创立了一种全新的旅游资源价值观，体现了生态文明的发展理念，也是一种新型的旅游文化。

旅游是主客面对面、人与人之间的直接交流和双向沟通。中国既是旅游目的国，又是旅游客源国，不仅仅是让世界听到"中国故事"，还要能让世界体验到"中国故事"，将"中国故事"变成外国游客能够触摸到、体验到的社会现实，这是一个涉及面更广、更复杂的社会文化系统工程，是一个国家软实力和巧实力的综合体现。

四、文旅融合的发展展望

文化和旅游部的成立，将加快推动文旅融合，具体体现在下列几个方面：

① 在旅游景区和旅游度假区的开发建设中，更加注重文化的发掘和解说。重视在引进的国外主题乐园景区中，植入中国文化元素和 IP，积极探索"土洋结合、洋为中用"的路子。

② 在全域旅游示范区的创建中，增加文旅融合发展的要求和内容。总结和推广各地文旅融合的成功经验。

③ 地方政府主管部门应转变观念，建立和完善将有条件的博物馆、美术馆等文化机构"旅游化"利用的体制机制，为广大旅游者服务，提升解说水平和展示手段，增加地方旅游产品的文化含量。

④ 在国际上树立鲜明的中国旅游目的地的大国形象，将旅游形象上升到国家文化竞争力的高度来认识，充分彰显我国社会主义的核心价值观，反映当下中国人民的乐观进取、兼蓄并包的精神面貌，以及"和而不同"的大国气度，提升我国的国家软实力和巧实力。引导各类导游、讲解员、志愿者、旅游者和当地居民成为中国故事的生动讲述者、自觉传播者。互联网彻底改变了传统的媒体传播生态，进入了经济和文化（知识）共享时代，旅游者既是文化的消费者，也是生产者，自媒体使旅游者由消费者成为消费商（新零售的概念），这是信息技术对当下文旅融合带来的深刻影响。

⑤ 旅游为非物质文化遗产传承提供了由资源向商品转化的消费场景，能为"非遗"传承人的技艺给出市场定价，通过从事"非遗"工作获得职业荣誉感和经济社会地位，从而吸引更多的少数民族地区和偏远乡村的年轻人就地就业，将"非遗"资源产品化和产业化。

⑥ 发展旅游演艺，丰富旅游者的文化体验，提升旅游景区和旅游目的地的经济效益。旅游演艺在内容选题、演出场地、档期周期、表现形式、舞台装置、特技效果等方面都与一般的文艺演出不同，不是一味地靠"名角大腕"和大成本制作就能成功的，而是有着自身的内在规律，为文旅融合的理论研究与实践应用提

供了用武之地。目前，我国的旅游演艺已经初具规模，形成了"印象"系列、"山水盛典"系列、"又见"系列、"千古情"系列、万达"秀"系列以及华侨城和长隆等风格迥异，商业模式多元的旅游演艺产品和产业，这些旅游演艺项目既有成功经验，也有失败教训，值得研究文旅融合的学者探究原因，总结规律。据统计，2017年全国旅游演艺共计7.25万场，比2016年上升8.51%；实际票房收入42.62亿元，比2016年上升0.79%。其中，驻场演出3.24万场，票房收入9.34亿元；大型实景演出2.32万场，票房收入12.82亿元，主题乐园演出（有直接票房收入的）1.69万场，票房收入20.46亿元。尽管数量占总数20%的大投资大制作旅游演艺项目，票房收入占全国总收入的80%。但重资产的旅游演艺收益虽大，但项目风险也大。在已经停演的旅游演艺项目中不乏一些大导演、大投资、大制作的作品。

⑦ 文旅融合在文化创意产业上是可以大有作为的。北京故宫的门票收入为7亿多元，但故宫所有的文创产品全年总收入达15亿元，是门票收入的一倍多。北京故宫用自带的皇家IP文创产品已经朝产业化方向发展，为旅游景区的文创开发提供了借鉴样本。此外，影视旅游、美食旅游、音乐旅游、建筑旅游等主题旅游也都是与文创产业融合的产物。联合国教科文组织（UNESCO）认为，文化创意产业一般则指那些"来源于创意或文化的积累，通过知识产权的形成与运用，具有创造财富与就业潜力，并促进整体生活环境提升的行业"。一般认为，文化创意产业具有下列三大特征：①以创意为内容的生产方式；②以符号意义为产品价值的创造基础；③以保障知识产权为诉求的法律体系。目前，各级政府支持文创产业应在保障知识产权（IP）上发力，加强执法力度，切实保障原创者的合法权益，杜绝"山寨"和"克隆"等侵权现象，增加违法成本，鼓励旅游企业参与文创产品的开发与经营。

⑧ 旅游行业管理中，最遭游客诟病的是有些旅游目的地的零负团费和黑导、黑店、黑司机现象屡禁不止，已成为顽症。旅游市场秩序的清理整顿，除了加大经济处罚，实行市场准入和禁入制度外，还应从旅游文化建设着手，我国传统文化中就推崇"货真价实、童叟无欺、诚实守信、买卖公平"的商业伦理，现代旅游企业更应发扬光大，倡导契约精神，恪守职业道德，强化行业自律，共同维护旅游市场健康发展。

⑨ 研学旅游已经成为国民素质教育与良好行为养成的必修课程，为文旅融合走进学校、课堂和教材提供了新的应用领域。英国哲学家弗朗西斯·培根（Francis Bacon，1597）说过，对于年轻人，旅游是一种学习的方式。研学旅游（修学旅游）是文旅融合、寓教于游的体验式学习。在欧洲可追溯到 17 世纪起开始盛行的"大游学"（Grand Tour）。起初是英国上流社会的贵族子弟到欧洲大陆去游学，一般长达 3 年时间。游学者一边游历名山大川、古城遗址、文化古迹，一边学习语言、文化、社交艺术、礼节礼仪等，这成为知识阶层和上流社会的一种生活方式。正如亚当·斯密（Adam Smith，1776）所说，"在英国，年轻人一到中学毕业，不等投考大学便被送往外国旅行，这已成为日渐浓厚的社会风气。人们普遍认为，这些年轻人完成旅行归来之后会有很大的长进"。我国古代（自明朝以后）与西方"大游学"同时期的文人士大夫也推崇"读万卷书、行万里路"，通过游学走近自然，认识社会。

⑩ 文明旅游是旅游文化的重要表现形式，也是整个社会文明的一个缩影。作为旅游目的地，全域旅游的创建包括全过程、全要素、全产业、全社会在主客关系、社区参与、无障碍设施、尊重传统文化、坚守环保底线、营造好客友善环境等方面的全面提升；作为旅游客源国，游客文明出行，优雅的行为举止和谦逊的内心修养也是一种流动的独特人文景观。民间外交和旅游外交已经成为一个大国不容小觑的软实力。

旅游公共服务的融合化与国际化

付 磊[①]

2018 年开始，文化与旅游融合成为当前和今后一段时期的重点工作。之前，公共文化服务体系建设已在全国铺开，形成了一批国家公共文化服务体系示范区；以公共服务为重心的全域旅游示范区，也有超过 500 家的申报创建单位。文化和旅游领域已形成了相当数量的公共服务设施的存量，网点触角均已延伸到的乡村和基层。按照基本公共服务均等化和优质旅游、全域旅游的发展要求，公共服务体系还将进一步扩大。如何按照文旅融合的要求，整合已有的文化和旅游公共服务设施，优化功能，提高效能，同时创造新的兼容型复合型公共服务体系，是管理部门和行业面临的任务。

在全球化背景下，国际旅游竞争已从直接依靠资源特色、营销推广扩展到依靠基础设施、公共服务、商业环境、自由开放等组成的核心吸引力和综合竞争力。近年来，我国的国内旅游和出境旅游保持了较高的增长势头，但入境旅游增长放缓。这其中有国际金融危机带来的世界经济疲弱的影响，有与主要客源国的双边关系波动等原因，但我国的旅游基础设施和公共服务不足，也是重要的制约因素。旅游公共服务的融合化与国际化，是今后一段时期的重要工作。

---

① 付磊，北京同和时代旅游规划设计院高级研究员。

一、工作实践的回顾梳理

公共服务本身就是一项政府职能，其研究动态与国家管理、治理模式的变迁是紧密关联的。我国对公共服务的集中研究，是在 2002 年之后，即党的十六大首次把政府职能确定为经济调节、市场监管、社会管理和公共服务，尤其是在 2006 年，中央将"建设服务型政府，强化社会管理和公共服务职能"写进《关于构建社会主义和谐社会若干重大问题的决定》。

文化的公共性非常明显，且意识形态的特点突出，受到党和政府高度重视。2005 年，党的十六届五中全会提出建设公共文化服务体系的构想；2006 年《国家"十一五"时期文化改革发展规划纲要》提出完善公共文化服务体系，形成公共文化服务网络；2007 年中办国办下发《关于加强公共文化服务体系建设的若干意见》，党的十七大报告将"覆盖全社会的公共文化服务体系基本建立"纳入全面建设小康社会奋斗目标；2011 年，《中共中央关于深化文化体制改革推动社会主义文化大发展大繁荣若干重大问题的决定》，明确了公共文化服务体系的建设方式、内容、目标和任务；2012 年发布《国家基本公共服务体系"十二五"规划》；2015 年中办、国办印发《关于加快构建现代公共文化服务体系的意见》，出台《国家基本公共文化服务指导标准（2015—2020 年）》；2017 年 3 月 1 日，《中华人民共和国公共文化服务保障法》施行。

旅游的产业性、市场性比较强，旅游公共服务的内涵始终比较模糊，但可以肯定的是，旅游也具有较高的公共性，旅游管理部门之前的一些做法实际上是在提供公共服务，比如开展营销宣传、信息咨询、建设旅游厕所等，但在政府工作层面系统提出旅游公共服务体系则相对晚一点，应该是在"十一五"期末。2011年国家旅游局发布《中国旅游公共服务"十二五"专项规划》是一个重要标志。2017 年发布《"十三五"全国旅游公共服务规划》。2018 年国务院办公厅印发《关于促进全域旅游发展的指导意见》，将旅游公共服务作为重点工作。20 世纪 80 年代至今的"旅游厕所革命"、"十二五"期间的"智慧旅游"，都是旅游公共服务设施建设重点工作。

二、明确旅游公共服务体系

在文化和旅游领域，由于服务对象、消费方式不同，供给主体的属性不同，相关管理部门对公共服务体系的理解和操作也不同。两个公共服务体系是基于之前的文化、旅游的行政管理相分离的条件下形成的，各自相对独立，缺乏兼容和互通。

按照《国家基本公共文化服务指导标准》，公共文化服务设施包括图书馆、博物馆、文化馆、美术馆、体育场、电台、电视台以及文化服务站、室、车等。按照《"十三五"推进基本公共服务均等化规划》，公共文化领域服务项目有 8 项：公共文化设施免费开放、送地方戏、收听广播、观看电视、观赏电影、读书看报、少数民族文化服务、参观文化遗产。

按照《"十三五"全国旅游公共服务规划》，旅游公共服务设施和领域包括交通、开放型景区、标识导引、旅游服务中心、自驾车营地、厕所、信息、安全保障等。公共服务和旅游＋，是全域旅游的核心。国务院办公厅印发的《关于促进全域旅游发展的指导意见》，将厕所、交通、集散咨询、引导标识等作为旅游公共服务的重点工作。

旅游公共服务是指由政府或其他社会组织提供的，不以营利为目的，具有明显共享性，满足旅游者共同需求的设施和服务。一般理解，旅游公共服务包括旅游信息、旅游安全、旅游交通、环境卫生等四大体系。这些体系组成，在《"十三五"全国旅游公共服务规划》等专项规划，以及旅游公共服务相关标准中进行了界定。

表 1　旅游公共服务体系构成 ①

旅游信息	旅游安全	旅游交通	环境卫生
● 旅游网络信息服务	● 旅游消费环境：购物、餐饮、住宿、娱乐等消费安全	● 旅游通道：旅游风景道、旅游慢行系统、无障碍通道	● 旅游厕所

① 根据《"十三五"全国旅游公共服务规划》整理。

（续表）

旅游信息	旅游安全	旅游交通	环境卫生
● 旅游信息咨询：游客中心、信息亭、触摸屏、旅游地图、指南信息服务、移动短信服务、旅游呼叫中心服务（旅游热线、投诉电话） ● 旅游标识解说：公共信息符号、交通导引、旅游解说标识标牌、自助导游	● 旅游安全设施：旅游区监控、消防安全、游乐安全、安全标识 ● 旅游安全机制：旅游应急预案、安全求助、旅游保险	● 公共交通：旅游专线专列、观光巴士、观光游船 ● 交通节点：旅游集散中心、旅游停车场、旅游站点、旅游码头、旅游机场（停机坪） ● 交通服务：自驾车营地、驿站	● 垃圾分类收集 ● 旅游环境卫生保持

旅游公共服务具有移动性强、季节性强、兼容性强等特点，主要面向海内外游客提供，其中由于信息不对称、文化差异、生活习惯不同等原因，对于海外游客而言更为重要。鉴于旅游公共服务的特定属性，其内涵和外延尚未明晰，应进一步通过"十四五"规划、标准或相关文件予以清晰界定，以便明确范围，划分责任，保障供给。

鉴于公共服务的系统性以及区域发展不平衡，应针对旅游公共服务中的短板，分类指导，重点突破。与国际旅游紧密相关，需要重点解决的领域包括：多语种的旅游公共信息，特别是旅游公共网站、公共信息符号、旅游标志标识、旅游解说、旅游咨询中心等；旅游公共交通，主要是面向海外游客的高铁票务和自驾车旅行服务等；中、西部地区的旅游厕所和环卫设施。

三、旅游公共服务融合化、共享化

旅游公共服务是整个经济社会公共服务的一部分，是公共服务体系在旅游领域的应用和细化，不仅与文化公共服务有融合的要求，与交通、安全、卫生、公共信息等领域的公共服务也有共享的要求。

总体看，已有的研究和实践，是基于之前的文化、旅游的行政管理相分离的条件下形成的，各自相对独立，缺乏兼容和互通。在文旅融合的新背景和新机制下，两个公共服务体系需要统筹协调，实现一体化、标准化和共建共享。

一是文旅融合。按照"宜融则融、能融尽融"的要求，统筹公共文化服务和旅游公共服务，在旅游公共服务设施修建改造中增加文化内涵，推动公共文化服务进旅游酒店、旅游景区、旅游度假区，例如外文图书进酒店，包括国际旅游目的地的客栈、民宿，在海外游客集中的旅游区和城镇设置外文图书馆。

二是"一站式"公共服务。在北京、上海、广州、西安等国际旅游城市建设一批文化、旅游、交通、公共信息融合的公共服务综合体，将旅游咨询、交通集散、文化展演、图书影像、质量监督等功能整合在一起，提供多语种的公共服务，通过"一站式服务"，提高服务的集约型和有效性。

三是村镇文旅一体化。迎合入境旅游逐渐从城市向城镇、乡村延伸的需求，结合公共文化服务体系示范区和重点旅游乡村等工作，以体现文旅融合和公共服务均等化的民族民俗文化旅游示范区为重点，在村镇层面推进文旅公共服务一体化，塑造一批具有国际竞争力的示范区。

四是交通便利化。提高机场、码头、火车站的通关便利化、智慧化水平，增加境外游客入境通关窗口，增设自助通关设施。以高铁和公共交通为重点，支持开发适应境内外游客需求的、更为灵活的铁路票务服务，包括 APP 购票软件。以北京、上海、广州等入境口岸城市为重点，发行面向海外游客的一日票、二日票、三日票以及周票、月票等多种车票。

四、旅游公共服务枢纽化、网络化

旅游公共服务既服务国内游客，也服务海外游客。面向海外游客，公共服务应符合其语言、行为和消费习惯。重点是语言，主要体现为多语种的旅游公共信息服务，如公共图形符号、标识导引、解说、APP、网站等。

旅游，是围绕集散地和目的地来展开的。国际旅游，更是要依托交通集散能力强、服务接待容量大的枢纽城市来展开。中国是一个大国，区域差异大，由于国际旅游对涉外服务的特定要求，旅游公共服务均等化是难以完全实现的。最为可行的方式是围绕枢纽实施网络化。

国际交通口岸城市，也是国际旅游集散枢纽，近年来集散能力排名在前的是上海、北京、广州、成都、厦门、三亚、深圳、青岛、西安、昆明等城市。应以这些口岸枢纽城市为中心，辐射周边区域，构建相互开放、标准统一的国际旅游公共服务网络。

一是建立枢纽化、网络化的国际旅游服务体系。例如，支持以上海为中心的长三角服务体系，以北京为中心的京津冀服务体系，以广州和深圳为中心的大湾区服务体系，以成都为中心的川黔渝藏服务体系，以厦门为中心的海峡服务体系，以青岛、天津和大连为中心的环渤海服务体系、以西安为中心的西部服务体系，以昆明为中心的滇藏服务体系。

二是建立跨境旅游服务合作体系。我国与14个国家接壤，边境旅游日趋繁荣。文化和旅游部、外交部等10部门联合印发了《关于印发内蒙古满洲里、广西防城港边境旅游试验区建设实施方案的通知》，应推进边境旅游集散中心、咨询服务中心、停车场等旅游基础设施和公共服务体系建设，并在全国边境旅游城市推广。结合"一带一路"以及边境旅游合作，建设跨境的旅游公共服务体系。例如，支持以青岛、大连为中心，构建与日本、韩国的跨境服务体系；以昆明为中心，构建与越南、缅甸、老挝的跨境旅游服务体系；以西安、乌鲁木齐为中心，构建丝绸之路跨境服务体系；以满洲里和阿尔山为中心，构建中俄蒙跨境旅游服务体系。

三是重点推进旅游信息、安全保障、旅游交通等方面的区域间和境内外协作。由枢纽城市牵头，联合建设国际旅游大数据库，实现旅游信息互联互通，建立旅游安全提示、旅游景区（点）大客流预警等信息联合发布机制。构建旅游应急突发事件的联动协调机制，建立跨区域旅游重大事件和旅游安全事件的应急预案，完善旅游交通事故异地救援和保险理赔体系。围绕枢纽城市，建设便捷旅游交通体系，建设由集散中心、集散分中心、集散点组成的集散中心体系，实施旅游集散中心示范工程；完善以旅游交通引导标识、旅游交通导览图为重点的旅游交通引导标识系统；实施旅游观光巴士示范工程；建设面向海外游客的自驾车旅居车公共营地、服务驿站和精品自驾游线路。

四是旅游便利服务国际化。北京、上海、西安、成都等国际枢纽城市，面向海外游客，推出内容丰富、使用便捷的城市旅游"一卡通"。提高国际信用卡支付便利度，增加社会外币兑换服务点。实施公共信息图形符号、标识指引系统国际化。推广使用标准化的公共信息图形符号。在机场、码头、车站、酒店、厕所、游客咨询中心等重点窗口配备多语种的交通指示牌、安全警示牌、交通地图、旅游推介手册等。

五是推进公共服务智能化。当前，5G通信、机器人、语音识别、图像识别等信息技术和人工智能技术逐渐成熟，新产品新技术正在加快推广，在成本、效率等方面具有独特优势，很大程度上可以替代人的角色。应实施人工智能在旅游公共信息、旅游交通集散、旅游标识导引等领域应用的重大项目，如旅游咨询机器人、导览机器人、智能化旅游咨询中心，智能化营地和驿站、无人驾驶观光巴士、智能标识指引系统等。

五、实施公共服务标准化

标准化是旅游公共服务国际化的重要途径。目前，已经形成了一批旅游公共服务的国家标准和行业标准，包括GB/T28102《城市休闲公共服务与管理导则》、GB/T26354《旅游信息咨询中心设置与服务规范》、GB/T26363《民族民俗文化旅游示范区认定》、LB/T022《城市旅游公共服务基本要求》、GB/T18973《旅游厕所质量等级的划分与评定》、LB/T060《城市旅游服务中心规范》、LB/T061《自驾游目的地基础设施与公共服务指南》等。公共文化服务的标准有《国家基本公共文化服务指导标准（2015—2020）》、GB/T36309《公共文化资源分类》、GB/T32939《文化馆服务标准》等。

这些标准有的已经推广应用，有的尚未实施。应结合文旅融合的新形势，尽快予以修订或实施。加快完善旅游公共服务标准体系，通过标准化促进公共服务的融合化、共享化和国际化。

一是研制标准体系表和标准综合体。按照旅游公共服务体系的组成和工作重点，研究形成旅游公共服务的标准体系表。这个体系表应包括旅游公共信息服务、旅游安全保障、旅游公共交通服务、旅游环境卫生等领域。针对实际工作，特别是要针对海外游客的需求，突出国际化，形成能够体现文旅融合原则、主客共享理念的旅游公共服务标准体系。

二是加快标准的修订、制定和实施。特别是文化和旅游公共服务设施融合的相关规范，如城市旅游服务中心、旅游咨询服务中心、民族民俗文化旅游示范区等，应尽快按照文旅融合和服务海外游客的要求，组织修订和实施。同时，适应需求制定新标准。展望"十四五"期间，旅游公共服务的重点标准包括旅游公共信息服务、旅游安全标识、旅游紧急救援、自驾游线路、公共营地等。其中，有关旅游安全的标准最为重要，应争取立项成为强制性标准。支持长三角、环渤海、大湾区、丝绸之路等国际旅游聚集区，结合区域一体化要求和自身条件，联合制定区域化的旅游公共服务标准，促进区域公共服务一体化。

三是推进公共服务标准国际化。参与并主持制定国际标准化组织（ISO）在旅游公共信息、旅游交通集散、旅游厕所等公共服务领域的国际标准。研究旅游公共服务领域的国际标准，包括旅游发达国家的标准，予以采用或者借鉴，提高与国际旅游服务规则、操作惯例的衔接度和协调性。结合主要海外客源地结构，以英语、法语、俄语、日语、韩语等为重点，组织开展对旅游标准的多语种转化。将相应语言版本的标准，通过旅游公共信息网络向海外游客推送。

四是加强与"一带一路"旅游标准合作。截至2018年4月，我国与61个"一带一路"国家建立了1023对友好城市，"一带一路"已经成为世界文化和旅游交流的最热线，也是我国最重要的入境客源地。在"一带一路"总体框架下，应与沿线国家的文化和旅游部门密切沟通，加强在标准互认、标准翻译、标准研发等方面的合作，深化旅游公共服务标准的互联互通，增强海外游客对我国旅游标准的熟识程度，更好地促进双向旅游交流。

奥运与后奥运时代冬季冰雪旅游公共文化服务与创意营造

卜希霆　陈春晖[①]

随着北京冬奥会的临近，冰雪旅游即将成为我国旅游产业的新的增长点，它填补了我国部分地区冬季旅游市场的空白，为旅游业的提质增效提供新的契机。伴随改革开放深入推进，人民生活水平日益提升，对美好生活的需要日益增长，冰雪旅游逐渐成为人们主动追求的一种时尚生活方式。据中国旅游研究院发布的《中国冰雪旅游发展报告（2018）》统计，在 2017 至 2018 年冰雪季，我国冰雪旅游人数近 2 亿人，同比上升 16%，冰雪季旅游收入同比上升 22%，达 3300 亿元[②]。我国的冰雪旅游已经步入了爆发式增长阶段。

2018 年《国务院机构改革方案》公布文化部与国家旅游局合并成立文化和旅游部，这体现了我国政府从国家战略层面鼓励文化与旅游深度融合发展的决心。在此背景下，促进冰雪旅游业的发展，满足本地居民与来往游客对于美好生活的需要，除了要努力完善冰雪旅游产业体系，更要对冰雪旅游目的地的公共服务建设做出系统安排，建成"覆盖城乡、便捷高效、保基本、促公平"的旅游一体化公共文化服务体系。

---

　　① 卜希霆，中国传媒大学文化产业管理学院党总支书记、文化发展研究院副院长、文化和旅游部公共文化研究基地主任。陈春晖，中国传媒大学文化产业管理学院 2017 级研究生。

　　② 中国旅游研究院.中国冰雪旅游发展报告（2018）[EB/OL].［2019-05-27］.http://www.ctaweb.org/html/2018-12/2018-12-25-15-41-51617.html.

一、冰雪旅游的黄金机遇

1. 利好政策频出，冰雪旅游业立于风口

2014 年以来，中央和多个地方政府从顶层设计出发，出台多条政策扶持冰雪产业的发展。《全国冰雪场地设施建设规划（2016—2022 年）》《关于以 2022 年北京冬奥会为契机大力发展冰雪运动的意见》《河北省人民政府关于支持冰雪运动和冰雪产业发展的实施意见（2017—2022 年）》等文件从基础设施建设、社会力量参与、场馆运营、人才配套等多个方面提出了促进冰雪运动、冰雪旅游发展的对策措施。优惠政策的频频出台能够为改变我国大部分地区在冬季旅游停业、进入淡季的现状提供重要条件，为我国冬季冰雪旅游发展提供动能。

2. 文旅融合，冰雪旅游迎来发展新风向

2015 年，北京、张家口获得 2022 年冬奥会主办资格。自此后，两地冰雪旅游市场规模呈明显增长趋势，同比增长率达 27% 以上，远超中国旅游产业平均增速①。对于部分北方城市而言，冰雪是其发展旅游业得天独厚的资源，而为冰雪旅游注入特色文化则将使冰雪旅游业更为吸睛。在文化和旅游融合带动下，各地推出的"冰雪定制游""冰雕艺术品""雪雕""冰雪嘉年华""冰雪灯光秀"等冰雪旅游创新产品层出不穷，可以说，文化的注入为冰雪旅游产品的创新提供了源源不断的灵感。

3. 冰雪运动逐步转型成为大众化群众消费

与雪上项目相比，我国冬奥会上的冰上项目较强，也因此，冰上项目在我国普通民众中的普及率更高，发展相对成熟。但是近年来，伴随着雪上项目基础设施逐渐完善、雪上运动设备运营日益专业化，中国的滑雪人数也在逐年上涨，滑雪运动正在从小众选择转为大众参与的娱乐休闲项目。冰雪运动的快速发展将推动冰雪旅游消费的迅猛发展。

---

① 易观 . 2018 中国冰雪产业白皮书［EB/OL］.［2019-05-07］.https：//www.analysys.cn/article/analysis/detail/1001158.

4. 立体多维的新型冰雪产业发展格局

按照联合国世界旅游组织（UNWTO）测算方式，2021 至 2022 年冰雪季我国冰雪旅游将进一步推动冰雪小镇、冰雪文化创意产业、冰雪运动、冰雪制造、冰雪度假地产、冰雪会展等相关产业，其产值预期达到 2.92 万亿元[①]。巨大的投资前景吸引了众多企业，包括万科集团、华录百纳、新浪、阿里体育、首钢集团、万达集团、腾讯体育等在内的多家企业纷纷入局，打造以冰雪旅游为主的度假场所，转播冰雪运动赛事、举办冰雪运动赛事，打造冰雪运动综艺节目，布局冰场、雪场设备供应等。总的来说，当前各大企业以及多地政府推出的冰雪旅游产品已经可以囊括冰雪特色小镇、冰雪景区、滑雪旅游度假区、冰雪文旅产品、冰雪主题餐饮、冰雪主题住宿等多类项目，它们将成为我国冰雪旅游业转型升级的重要抓手。

5. 融合多元业态的"冰雪 +"战略

2018 年以来，我国多地开始积极探索"冰雪 +"的融合发展模式，"冰雪节""冰雪季"等冰雪节活动明显增多。以创意、内容、体验等为核心的"冰雪 +"战略发展模式能够为冰雪旅游带来更多可能，在未来为了深耕产业发展，还可以从"冰雪 +"战略出发，继续探索"冰雪 + 研学""冰雪 + 会展旅游""冰雪 + 康养旅游""冰雪 + 度假地产"等更多融合新模式。

二、冰雪旅游公共文化服务体系亟待完善

在文旅融合背景下推动公共文化服务体系建设，促进公共文化与文化产业"双效统一"、融合发展，既要针对不同群体提供个性化的多元组合商业供给，又要建立起惠及全民的公共文化服务体系。优质的公共文化服务往往不仅能够满足本地居民的公共文化需求，同时还能成为异地游客体验本地文化的重要载体。

与国内相比，欧美以及日本等发达国家的冰雪旅游起步较早，这些国家通过整

---

① 中国旅游研究院 . 中国冰雪旅游发展报告（2018）[EB/OL] . [2019-05-27] .http://www.ctaweb.org/html/2018-12/2018-12-25-15-41-51617.html.

合冰雪资源优势，建立完善便捷的服务体系，吸引了大量世界游客前往。仅据2017年发布的《中国滑雪消费者市场深度调查报告》，受访者中就有18%曾前往海外滑雪，而在众多海外目的地中，排名前三的目的地分别为日本、韩国和瑞士。

瑞士作为欧洲乃至世界的冰雪运动中心，是全球最早涉足冰雪产业的国家。这里的冰雪经济规模巨大，冰雪旅游占据全国旅游收入的半壁江山。为了推动本国冰雪旅游的发展，方便当地居民生活，瑞士投入大量资金开展冰雪基础设施建设，修建了大量高山铁路、公路，兴建大批高山缆车道，并将旅游公共服务设施纳入公共文化服务设施之中统筹考虑，建设了数量众多的高品质冰雪文化主题度假旅游区、冰雪运动场馆、冰雪博物馆等，这些场所能充分满足公众的文化休闲娱乐与身体需求，在承担着自身使命的同时也维护与支持着公共文化服务系统的建设。

自冬奥会申办成功以来，我国的冰雪旅游已在多地开花，但同时，我国冰雪旅游的配套设施及服务建设等方面与欧美冰雪旅游发展较为先进的国家相比仍然存在差距，我国冰雪旅游目的地的公共文化服务体系建设仍存在不足，具体表现为：

1. 基础设施供给不足，服务质量有待提升

在国内的冰雪文化景区中，哈尔滨"冰雪大世界"具有独一无二的天然禀赋，但在配套设施、配套服务和活动设计上与欧洲著名冰雪景区相比仍有不足。园内指示牌等基础设施信息缺失，冰雪活动缺乏统一、独特的内容规划和设计，难以体现当地特色的高品质冰雪文化。对于中国冰雪旅游发展而言，要坚持高质量的发展方向必须加快完善公共文化服务体系，让游客充分感受冰雪文化与"0度以下的生活方式"，并依托博物馆、图书馆、民俗馆等公共文化设施让游客体验当地市民的优质生活，从而改变部分冰雪旅游资源集聚地区"重资源开发、轻服务供给"的现状。

2. 旅游体验质量与满意度不足，场馆运营亟待改善

我国冰雪旅游的淡旺季分明，很多冰雪度假区"一季养三季"现象突出，室内冰雪场馆在非雪季的客流也会明显减少。改变季节性明显的淡旺季问题，是冰雪旅游目的地的关键性问题，冰雪旅游仅靠先天性的气候条件与地理位置优势是不够的，而是要充分关注季节变化，在冬季之外做出特色、增加游客，着重关注旅游体验的质量和满意度，提升场馆的运营质量与运营水平，有效提高冰雪场馆的利用率。

三、奥运与后奥运时代冰雪旅游公共文化服务建设发展建议

伴随着冬奥会的临近，我国即将迎来冰雪产业的"黄金 20 年"。对于冰雪旅游而言，若想更好地服务公众，解决当前冰雪旅游景区产品趋同等问题，破除现阶段冰雪 IP 发展瓶颈，构建良好的公共文化服务设施体系将是重要的解决路径。

"冷资源需要热服务"，完善的公共服务体系、精细化的管理模式将使冰雪旅游的高质量发展成为可能。结合奥运与后奥运发展需要，冰雪旅游公共文化服务体系建设可以从以下几个方面有效展开：

1. 以人为本

将人本化理念贯穿冰雪旅游公共文化服务体系搭建的全过程，"以游客需求为中心""严格维护游客权益"应当成为公共文化服务体系构建中普遍的规划理念。"以人为中心"发展旅游业，就要求政府部门切实做好顶层设计，对制度与政策进行有效调整，积极构建以人民发展为中心的优质冰雪旅游制度体系；而冰雪旅游场景端的运营者与管理者们则要做到：

（1）重视旅游无障碍设计

在冰雪旅游产品、冰雪运动公共场所的设计过程中将老年人、妇女、儿童，特别是残疾人等特殊群体作为服务的重点对象，尊重每一个人的文化消费权益。

（2）重视游客需求体验

公共文化服务的供给内容应充分适应游客的需求和喜好，避免形式化、空洞化等问题。以瑞士最受欢迎的冰雪旅游营地少女峰假日公园为例，该营地从 2014 至 2018 年间，营地年平均入住率由 56% 提高到了 73%，游客满意度达到了 93%[①]。入住率之所以能够节节攀高，正是因为少女峰假日公园优质的服务与完善

---

① 越野 e 族. 解读国外冰雪旅游市场　瑞士营地冬季运营案［EB/OL］.［2019-05-27］. https：//new.qq.com/omn/20181230/20181230A0M5MI.html.

的配套设施。营地中配有齐全的室内外设备，包括户外暖炉、烧烤设施、花园等休闲设施，能让那些喜爱户外运动的露营者于冬日里也能在温暖的暖炉旁尽享冰雪风光。此外，由于瑞士的露营生活多以家庭为单位，营地还特地配备了迷你高尔夫球场、儿童游乐场等多种家庭娱乐设施。从少女峰假日公园建设营地的经验中能够看出，对于旅游地的公共文化服务建设而言，重视游客体验、以精细化的管理手段将服务落到实处是吸引游客的关键之道。

（3）重视旅游便利化服务

旅游便利化是大众旅游时代的一个重要特征，更是落实人本理念的重要表现。如哈尔滨举办第 26 届国际冰雪节时就提出在景区设计上将旅游纪念品、旅游商品服务设施与旅游线路有机结合起来方便游客购物，并专门设立知名景区直通车，解决延时班车等问题。总而言之，人性化的举措能使游客在冰天雪地中感受到服务的温暖，从而达成"服务留人、体验宜人"的良好效果。

2. 社会协作

鼓励、引导、支持社会力量参与冰雪旅游公共文化服务建设。公共文化服务的社会化建设一直是各国解决服务供需矛盾的重要路径之一。英国坚持"一臂之距"的政府管理原则；美国鼓励民间的各类文化组织配以市场化的文化企业来参与供给，大量的文化社团、文化公司与学术机构在这一过程之中发挥了巨大作用。近几年来，我国在构建现代公共文化服务体系的过程中也开始引进社会力量。在新时代，为了更好满足人民群众对于美好生活的需要，就更应加强社会协作，在丰富公共文化服务内容供给的同时，有效激发我国公共文化服务活力。

在欧洲，滑雪运动是冰雪旅游业的重要一环，为了支持滑雪运动的发展，除了政府出台了相关政策，大量的民间团体的自觉参与也起到了巨大的推动作用。目前，瑞士、美国、法国、德国等世界主要滑雪运动目的地均成立了数目不等的滑雪协会、滑雪联合会以及滑雪俱乐部。这些民间组织通过与政府部门相配合，在滑雪人才培育、滑雪场安全标准制定、对外信息沟通与联系等方面发挥着关键作用。可以看出，民间团体与政府之间的通力协作能够加快完善冰雪旅游产业与公共文化服务的内容，有效提升供给质量，不断满足游客与当地居民的文化新需求。

2019 年，中共中央办公厅、国务院办公厅联合印发的《关于以 2022 年北京冬奥会为契机大力发展冰雪运动的意见》提出，"支持社会力量按照有关标准和要求建设各具特色的冰雪运动场馆"[1]。对于奥运时期建设的冰雪旅游公共文化设施而言，它们既是承办大型赛事的国际化舞台，同时也是后奥运时代为社会提供全民健身与丰富人民精神生活的场所。为了形成奥运场馆运营的长效机制，这一时期的冰雪基础设施应将满足公众需求作为建设目标之一，并通过 PPP（政府和社会资本合作）模式吸引专业度更高的社会合作方参与，这有利于提升公众对于冰雪旅游公共文化服务的满意度，为提供公共文化服务形成良好的公私合作伙伴关系。

3. 科技提效

发展冰雪旅游大数据意义重大。对于冰雪旅游产业的发展及管理而言，对于数据的收集与积累显然可以助力产业与企业的进步。对内而言，大数据将使冰雪旅游品牌铸造得更为精准，它能够科学界定用户群体，为游客提供专业性与针对性更强的个性化服务，从而使冰雪旅游产品及服务的提供更为合理；在对外输出时，冰雪营销、商机发掘、行业深度研究、政策撰写、新业态生成等领域同样可以依靠大数据获取信息。对于冰雪旅游的公共文化服务体系建设而言，数字化同样也是信息化社会发展过程中创新服务模式、升级服务设施、方便公众获取服务内容的必然要求。《"十三五"时期公共数字文化建设规划》指出，"到 2020 年，基本建成与现代公共文化服务体系相适应的开放兼容、内容丰富、传输快捷、运行高效的公共数字文化服务体系"，依托互联网、大数据、云计算、虚拟现实、遥感等新型技术进一步完善旅游产业现代公共文化服务体系，提升公共文化服务的质量与效果。通过建立覆盖全国的冰雪旅游信息服务系统、为游客与旅游管理部门、旅游企业提供信息管理服务，并为冰雪旅游资源管理研究及国家相关政策的制定提供数据支撑。

---

① 人民网.中办国办印发《意见》以北京冬奥会为契机大力发展冰雪运动［EB/OL］.［2019-05-27］.http://cpc.people.com.cn/n1/2019/0401/c419242-31005398.html.

4. 创意营造

文旅融合时代，公共文化服务的持续健康发展能够有效促进产业建设。然而当前我国的旅游公共文化服务发展观念相对滞后，为了更好地提升公共文化服务效能，创意创新必不可少。而且我国冰雪旅游业公共文化服务体系建设要彰显中国特色，打造中国的冰雪旅游符号与中国记忆，更是需要融合创意、融入特色。只有通过创意精神的培育、创意要素的挖掘、创意资源的整合、创意产品生产以及创意观念的广泛传播，营造良好的创意生态，激活大众创意消费，才能够打造出富有创意的冰雪旅游公共文化服务环境。

创意营造"既是一种理念，同时又是一种社会行为方式，或者是一种社会实践，是对旧有元素和资源的重新组合、融通，从而创造并衍生新的产品、服务、环境、氛围的过程与方法"[①]。通过场景营造、节展营造、非遗营造等模式聚焦特色培育，形成创意氛围，打造公共文化活动品牌。推动文化赋能公共服务，以特色冰雪节庆品牌、特色冰雪文化活动、特色冰雪文化场景、特色民俗文化、特色非遗等形成冰雪旅游文化品牌，凭借突出的主题、新意十足的项目以及完备的服务承载最为真实的城市历史文脉，展现城市特质与市民精神，使此类公共文化活动品牌长期活跃在城市居民和全世界人民的观念中，并且永不落幕。

5. 贯通四季

冰雪的季节性虽然使冰雪旅游产品具有一定的稀缺性，但是也在很大程度上限制了冰雪旅游产业的盈利空间。随着冰雪运动"南展西扩东进"战略深入实施，冰雪运动不断向四季拓展，如何突破冰雪旅游的季节性，让其向四季运营的方向发展贯通，是冰雪旅游项目运营及冰雪旅游公共文化服务体系建设必须思考的重点。

"春有百花秋望月，夏有凉风冬有雪。"在文旅融合背景下要全员规划发展四季旅游业、搭建服务体系，就要充分利用内容端、资源端、运营端与场景端的各项内容。从内容端和资源端出发，可以促进冰雪旅游目的地适应"全域、全龄、全时"需求，不断拓展多元化业态，在冰雪项目之外根据本地旅游的资源条件，

---

① 卜希霆，刘荣.创意营造学［M］.北京：社会科学文献出版社，2016：281.

开发美食、音乐、健身、节庆、温泉、教育、酒店等多样的服务内容。例如，河北蔚县就根据自身的民俗文化特色，开发出了滑冰车、踹冰坨等冰雪民俗项目；从运营端和场景端来看，则可依托特色小镇、冰场、营地、冰雪度假区等场景形态，将冰雪运动与四季度假体验、生活居住等配套结合，从而真正实现运动、休闲与生活的多维一体。

6. 国际对标

创新公共文化服务提供的体制机制，提升政府管理效率和市场活力；搭建国际交流合作平台，主动对标国际。引导石景山等冬奥会场建设国际标准体系场馆，高点定位，如延庆赛区就将总体功能定位为国际一流的高山滑雪中心和雪车雪橇中心、国家级雪上训练基地、绿色生态可持续发展的典范工程、区域性山地冰雪运动旅游休闲冬奥主题公园；以冬奥会场馆建设为契机推动形成冬季冰雪旅游公共文化服务设施、场馆建设标准，做好冬季旅游公共文化服务设施与夏季旅游的接泊工作；做好标准化建设的监督评价工作，成立监督评价小组，实现基本公共文化服务标准化建设评估与政绩评估的有效结合，建立民众交流反馈平台，按照民众的实际需求进行冰雪旅游公共文化服务标准化建设，更好地体现"以人为本"的人文情怀。

习近平总书记非常重视北京冬奥会和冰雪运动在中国的开展，多次强调，承办冬奥会是具有特殊意义的重大事件，一定把它办好。习近平总书记还曾经指出"冰天雪地也是金山银山"，在"运动＋旅游"的产业融合的背景下，冰雪"冷资源"正在转变为旅游"热资源"。结合北京冬奥会这一发展契机，我们要充分认识冰雪资源优势，科学把握寒地冰雪旅游发展规律，科学研究制定我国冰雪旅游公共文化服务发展规划，通过以人为本、社会协作、科技提效、贯通四季、创意营造、对标国际等有效方式搭建我国冰雪旅游公共文化服务的有效路径，打造世界级冰雪文化旅游目的地，通过营造全社会浓厚的冰雪文化氛围，激发家庭参与的热情，让冰雪旅游成为老百姓的一种日常生活方式。

第二部分：地方实践

在京西，邂逅"诗和远方"的无尽美景

——文旅融合新动能推动公共文化发展的"石景山实践"

北京市石景山区文化和旅游局

文化是旅游的灵魂，旅游是文化的载体。没有文化的旅游是浅显的、空洞的旅游，没有旅游的文化是难以创造完整价值链的文化。如今，文旅融合是大势所趋，更是大利之举。在文化和旅游部的倡导、推动与实践下，从顶层设计层面，文化事业、产业与旅游业逐步走向深度融合；同时，各地也纷纷因地制宜，探索符合自身实际的文旅融合发展之路。

作为创建中的第四批国家公共文化服务体系示范区，北京市石景山区凭借深厚的历史文化底蕴与丰富的旅游资源，近年来在不断强化机制创新、优化资源配置、合理布局的基础上，进一步激活并释放了文旅发展创新活力，探索出一系列行之有效、普惠群众的融合发展模式与路径，为全区公共文化建设与示范区创建提供了强大动能；同时，在全区的共同努力下，将在全国发挥出示范性效应的石景山公共文化实践经验也将进一步推动新时期该区文旅融合新格局的形成。

诗和远方的相遇
——文旅融合发展的时代背景

党的十八大以来，习近平总书记就文化和旅游工作发表了一系列重要论述，科学回答了有关文化建设和旅游发展的方向性、根本性、全局性问题。2018 年国务院机构改革，文化和旅游部成立，"文旅融合"一直是行业内热议的话题。文旅融合的相关理论研究逐渐深入，文旅融合的实践不断深化，随着各地文化和旅游机构改革的完成，文化与旅游融合发展的新篇章已经正式开启。实践表明，推进文化和旅游深度融合，是不断满足人民群众日益增长的美好生活需要的重要手段，是推动旅游高质量发展与实现文化高效能传播的必然要求。

2018 年 12 月文化和旅游部部长雒树刚出席"2018 旅游集团发展论坛"并发表了主旨演讲，第一次明确了"宜融则融，能融尽融，以文促旅，以旅彰文"的文旅融合工作思路，在 2019 年全国文化和旅游厅局长会议上，雒树刚再次强调文旅融合的总思路，坚持"宜融则融、能融尽融"，找准文化和旅游工作的最大公约数、最佳连接点，推动文化和旅游工作各领域、多方位、全链条深度融合，实现资源共享、优势互补、协同并进，为文化建设和旅游发展提供新引擎、新动力，形成发展新优势。在 2019 年 1 月召开的全国文化和旅游厅局长会议上，雒树刚在报告中就文化和旅游融合提出了具体的要求，要求从六个方面着力推进文旅融合，包括理念融合、职能融合、产业融合、市场融合、服务融合、对外和对港澳台交流融合。

在文旅融合的实践中，全国各地不断创新摸索，走出了各具特色的文旅融合模式。

诗中自有远方美景，远方亦有诗中意境
——石景山的文旅融合发展之路

经过多年的不断实践与积累经验，石景山探索出一条以旅彰文、以文促旅的融合发展之路。这条路上，美不胜收，诗中自有远方美景，远方亦有诗中意境。

近年来，石景山区充分发挥区位优势和资源特色，深入挖掘文化资源，实现"历史文化＋旅游""工业文化＋旅游"等多方面的深度融合，多方面为文旅融合发展注入动能。例如，通过探索工业旅游模式，打造首钢工业文化名片；通过整合历史文化资源，提升八大处—模式口文化影响力；在夯实旅游发展基础之上，

打造永定河生态文化名片；依托八宝山革命公墓，打造红色爱国教育基地；借势冬奥冰雪运动，建设冰雪文化新高地；通过建筑整体迁移保护，打造城市记忆博物馆等。

为更好地促进文旅产业发展，石景山区不断优化旅游产品供给，以永定河及西山良好的生态环境为基础，发挥奥运场馆众多、大众体育基础好的优势，结合现代都市人养生度假、康体运动需求，大力发展生态休闲、康体养生产业，在西部浅山区、永定河沿线大力发展自行车骑行、徒步登山、户外攀岩、汽车露营、水上运动等户外运动、康体休闲产品，形成服务首都的生态休闲运动基地。并依托石景山游乐园、万达广场等时尚文化娱乐设施，促进主题游乐、现代演艺、特色节庆等时尚文化娱乐产业发展，提升城市文化娱乐吸引力，在首都休闲娱乐产业中占据重要一席。

形神兼备、水乳交融
——文旅融合开启石景山新时期公共文化建设新篇章

新时期，文旅融合发展又将为区域乃至全国的公共文化建设带来哪些新机遇？在公共文化领域，文旅融合的思维与落点又体现在哪些方面？从石景山的文旅融合发展对其公共文化服务体系示范区创建的推动作用来看，其意义深远。文旅融合的创新公共文化服务模式正不断满足着人民群众日益增长的美好生活需要。

以创建国家和首都公共文化服务体系示范区为契机，结合地区文化馆、图书馆总分馆制建设，石景山区不断提升公共文化设施建设水平。新建建筑面积4.1万平方米的区文化中心已基本完工，将于2019年年底前对外开放。按照街道综合文化中心2000平方米、社区文化室300平方米的标准，全区街道社区设施全覆盖的基础上进一步提升，建筑面积较创建前增加3.3万平方米，达到8.4万平方米。各级公共文化设施实现每周开放56小时以上，各街道综合文化中心全面启动社会化运营，为文化和旅游服务、平台融合奠定了坚实基础。

如今，诗和远方，二者在家门口即可兼得。文旅融合在一项项公共文化服务中显现出其"形神兼备""水乳交融"的特点，一系列新思路、新模式、新玩法与新实践拓展着石景山公共文化服务版图的疆域，不断扩充与更新着石景山创建示范区、发挥示范效应所积累的经验宝典。

1. 空间双融入、功能双融合的服务模式

文旅融合在公共文化领域的落点首先体现在公共文化与旅游服务资源的空间双融入、功能双融合。如今，石景山绝大多数的文化场馆、旅游场所均体现出"我中有你，你中有我"的状态：一方面，在公共文化场地所提供的服务中加大旅游相关内容比重，提升公共文化服务深度；另一方面，在景区及旅游场所开展的活动中加大文化内容比重，提升文化品位，丰富文化内涵，拓宽旅游服务的宽度。

要让公共文化机构成为特色景点，让旅游资源成为公共文化设施。例如，让公共文化阵地承担旅游咨询的功能。当下，在石景山区各街道社区综合文化中心活动中，涉及旅游的内容越来越丰富，例如通过发放宣传品、开展旅游咨询、主题分享活动等方式让群众对旅游有更深层次的了解，有的街道综合文化中心还与旅行社、旅游公司合作，在街道、社区——百姓的家门口举办关于旅游攻略、旅行文化方面的讲座，在群众中普遍反响热烈。与此同时，在银保建国酒店、首钢工舍假日酒店合作开设公共图书阅读空间。在石景山游乐园、八大处公园、北京国际雕塑公园等旅游景区组织举办迎春庙会、元宵灯会、专业院团惠民演出、文化展览讲座等公共文化活动。旅游景区加大对文化内容的展示、讲解、讲座等，让公众从旅游目的地中获得新知，获得文化享受。

事实上，无论是哪个空间，文旅融合的服务思路能令观众身临其境、耳目一新，更有获得感。例如，2018 年 12 月 9 日上午，"陶君创新工作室"在法海寺举办了以《明代彩画的演变与传承》为主题讲座活动。讲座中故宫博物院古建部高级工程师、文物保护工程责任设计师曹振伟结合法海寺、承恩寺等彩画实物，从档案、类型、形制、纹饰、颜料、工艺等多角度介绍明代彩画在各个时期的阶段性特点、演变及传承，展示明代彩画最前沿的研究成果，充分挖掘法海寺彩画的价值与独特之处。结束后，现场观众意犹未尽，很多人将其称为一趟小型的研学之旅。

再如，2019 年 8 月 16 日，由北京燕京八绝协会、北京非物质文化遗产保护中心、石景山区文化和旅游局联合主办的"燕京八绝承恩文化传习大讲堂"走进了五里坨街道综合文化中心，北京市工艺美术金漆镶嵌大师米春雷精彩解析了博大精深的明清家具文化，受到街道社区传统文化爱好者和老街坊代表的普遍欢迎。

2. 文旅融合思路贯穿全程的"新玩法"

最初的设计就是以文旅融合思路为起点，旨在拓展公共文化服务样式的"新玩法"，使得石景山公共文化建设版图更加立体、层次更加多元。例如，将辖区优质文旅资源有机整合，举办石景山文旅护照打卡集章、石景山文旅 Fun 闯关夺宝活动，集合线上《公共文化服务保障法》《公共图书馆法》《非物质文化遗产法》的相关知识及创建宣传、线下文旅空间场馆打卡解谜、互动答题体验游戏等创新方式，吸引更多群众走进公共文化设施和旅游景点，进一步提升群众知晓率、参与率和满意率。

2019 年 5 月至 7 月，由北京市石景山区文化和旅游局主办的"石景山文化人打卡集章赢好礼"活动在全区内掀起了一股"打卡集章"的热潮。市民凭借纸质及电子版"石景山文旅护照"到全区 22 处文化设施和旅游景点处盖章打卡，打卡的点位越多，等级越高，所领取的礼品越丰厚。既能参加活动兑换心仪的礼品，又能在"打卡集章"的过程中充分了解、体验高品质的文旅服务，该活动受到了市民的广泛好评。据悉，该活动共在全区发放纸质"文旅护照"1 万册，线上参与人数超 1 万人次，更有近千名市民兑换到了心仪的礼品。

为了延续活动热潮，让更多市民走进公共文化设施和旅游景点，回应市民朋友对高品质文旅服务的新期待，石景山区文化和旅游局再推出"石景山文化人系列活动第二弹"——闯关夺宝文旅 Fun 活动。活动选取了全区内 24 处文化设施和旅游景点作为线上闯关的关卡点位，并通过手绘漫画加实景照片的方式予以展示。值得一提的是，关卡题目的来源也颇为用心，均出自《公共文化服务保障法》《公共图书馆法》《非物质文化遗产法》和石景山区创建全国文明城区、创建国家公共文化服务体系示范区以及对应文化设施和旅游景点的相关内容。

同时，石景山区还将以科技创新为引领，建设公共文化大数据系统，实现主客共享。在石景山区文化中心建设大数据驾驶舱，利用政务内网建立统一管理门户，利用政务外网建设企业微信客户端、开发一人一本的政务客户端，用多种方式综合展现公共文化服务效能的实时监测数据，实现大数据涵盖所有景区。将效能数据与示范区创建指标相结合，定期形成公共文化设施服务效能报告，反馈给区政府和街道，用于日常考核和绩效管理，通过大数据分析汇聚设施运行数据，为文化和旅游部门的预算和活动开展提供决策的数据支撑，从而指导日常工作的开展。相关部门负责人也可实时掌握文化与旅游运行数据，掌握市民需求变化情况，精准定位群众具体需求。

3. 典型项目发挥文旅融合示范性效应

在石景山，文旅融合精品（典型）项目的建设对提升区域公共文化服务质量、丰富与优化服务手段发挥着立竿见影的榜样作用。

位于石景山区的首钢工业区是北京现存规模最大、价值最高、地位最重要的工业文化遗产。曾经是一个承载中国百年工业腾飞梦想的大型国企，如今探索出一条以"体育＋文化＋旅游＋休闲"的新路，将引领北京西部区域向着绿色、高端、环保的未来挺进。首钢的文化旅游内容也将成为这一区域最耀眼的风景线。

石景山区从引领世界老工业区再利用的历史性高度，通过不断深度挖掘老工业区历史文化遗产与工业遗存人文价值，融入现代元素，释放传统工业资源的文化价值、旅游价值。通过首钢主厂区、二通厂区等工业遗存保护利用改造，利用铁轨、管廊、传送带等工业遗存建设铁轨绿道、空中步道，实现了工业遗产的旅游再利用。整体打造的首钢工业遗址公园注重保护延续老工业文化脉络，规划建设五一剧场、后工业景观休闲带等文化景观节点，将首钢工业文化景区打造为全国工业旅游示范点，以首钢集团工业生产活动为依托，以"钢铁是这样炼成的"为主题，以钢铁生产工艺流程为主线，使游客身临其境感受钢铁生产的壮观场面和现代化工业大企业的风貌。同时，通过推进首钢园区生态建设工程，建设石景山景观公园、首钢南区湿地，建设工业资源活化利用的后工业绿色生态景观休闲带，进一步奠定了"后工业时代"旅游发展基础，建成了以绿为体、蓝绿交织、景观多样的绿色生态空间，焕发百年首钢的深厚底蕴，呈现"山—水—工业遗存"

相互融合、交相辉映的独特魅力。

2018 年 6 月 4 日，国际奥组委"平昌冬奥会总结大会"在首钢召开，国际奥组委主席巴赫认为仍在建设中的首钢工业文化旅游区将成为"一个让世人惊艳的城市复兴新地标"。不久的将来，复建厂东门广场、群明湖广场、首钢博物馆、秀池、冬奥组委驻地、国家冬训基地、石景山景观公园、功碑阁等首钢丰富的旅游资源将全部开门迎客，红楼迎宾馆、首钢工舍洲际智选酒店、网球公寓、秀湖洲际智选酒店、香格里拉酒店等旅游酒店静候来宾，届时设备、设施完善，交通便捷、环境优美的首钢工业文化旅游区将会为"城市复兴新地标"增添浓墨重彩的一笔。预计首钢工业文化旅游区将对本区域文旅发展带来巨大效益，同时更能在公共文化领域实现大面积辐射效应。

类似的，既是旅游目的地，同样也是公共文化空间，本身就具备文旅双重属性的郎园 Park 文化创意产业园，汇聚着优质文旅资源，规模虽无法与首钢工业文化旅游区比拟，但其已投入运营较长一段时间并已明显拥有公共文化服务成果，营造出高品质公共文化氛围。

"艺文生活方式集成地""京西文艺网红打卡地""新时代的街道综合文化活动中心"——位于老山街道的郎园 Park 文化创意产业园自开园以来，开足马力，迅速聚拢人气，口碑不断飘红。得益于 2017 年"疏解整治促提升"专项行动的开展，前身为博古艺苑古玩旧工艺品市场和京西北方旧货市场的这片土地被打造成了眼前的高端文创园区。2018 年，老山街道与辖区内的郎园 Park 文创园区共建共享街道综合文化活动中心，通过社会化运营模式，以"良阅书房""兰境艺术中心""栖社生活美学馆""像素艺廊"四大公共文化空间为依托，将"全龄化"公共文化服务带给群众。

郎园 Park 自投入公共文化服务社会化运营以来，公共文化空间开放累计 2300 小时，举办了 200 场文化活动，吸引了共计 9 万余人次参与。在公共文化活动的理念打造方面，"公民美育计划"一直是郎园 Park 重要的艺术实践方式之一，通过推动公共文化从"求知"到"求美"的跨越，潜移默化地培养群众审美情趣以及创造力。

融合不止，创建不息
——完善、优化、升级典型经验和地方样本

文旅融合思路渗透公共文化建设各环节，而公共文化建设成果反过来也会进一步助推文旅融合发展新格局的形成。尽管石景山区近年来通过多方面措施促进文旅融合发展，提升文化与旅游产业竞争力，摸索出了工业旅游发展、历史文化资源活化、产业融合发展、系列文化活动开展、公共文化服务提升等多方面经验，但在产品供给、游客量、公共空间利用率、产业融合度与带动性、市场化程度、公共设施建设等方面仍有很大的提升空间。

文旅融合发展需要桥梁纽带，需要搭建文旅融合发展平台。为推动石景山区文旅融合发展向更广范围发展，下一步将积极探索建立政府主导、市场化运作、企业为参与主体的文旅融合发展平台，连接文旅项目创意方、运营方、投资方等，使文旅融合项目更有效地获得资本助力。

立足现有资源，用好文化旅游阵地。目前，故宫博物院和中国国家博物馆等国内博物馆在 IP 授权方面取得了很好的成绩，在藏品的挖掘和商品开发上走在了前列。从故宫展览、故宫文创，到故宫的猫、故宫的雪，再到"故宫角楼咖啡""故宫火锅"和"紫禁城上元之夜"，故宫早已从一座博物馆变成了一个号召力巨大的 IP，并引发了博物馆旅游热潮。以此为借鉴，石景山区将进一步完善文旅空间场馆设施功能、丰富产品供给、提升服务水平，以新建区文化中心开放运营为依托，把文博场馆打造成为有温度、有故事、有品位、有体验的公共文化大客厅。另一方面，深入挖掘文博场馆的文化 IP 价值，形成具有地方特色的文创产品与旅游商品。

改善公共服务，全面提升文化氛围。经过近些年的基础设施建设，石景山区旅游基础设施建设得到显著提升，但道路交通、旅游标识系统、旅游标准化建设等公共服务设施建设与首都文化娱乐休闲区还有较大差距。因此要继续改善西部浅山区路况，设置标准化交通引导标识，加大法海寺、慈善寺等景区停车场配套设施建设，在健全旅游设施服务基本功能的同时，尊重游客的感受和体验，推动

景区、度假区、乡村旅游区、精品民宿以及旅游集散中心、游客服务中心等旅游场所，多注入文化元素，多增加文化体验项目，成为传播文明、体验文化、展示特色的重要窗口。

如今，文旅融合之景，早已美不胜收。立足首都建设全国文化中心功能定位的目标，石景山区将继续发挥作为改革创新之区的优势，结合创建实践，切实把公共文化领域中央重点改革任务要求转化为具体的工作项目和工作举措，努力先行先试，探索实践路径，计划于2019年四季度和2020年上半年分别以文旅融合发展和基层公共文化设施社会化运营政府管理机制研究为主题组织举办全国性交流研讨活动，增强创建城市间的工作联动，力争在管理体制创新、效能优化提升、社会力量参与等方面开拓新思路、推出新举措，形成一批具有示范引领作用的新经验和新亮点，全力为国家推进现代公共文化服务体系建设提供典型经验和地方样本。

推动文化和旅游融合高质量发展

唐山市文化广电和旅游局

习近平总书记在 2016 年 7 月视察唐山时指出，希望唐山"争取在转变发展方式、调整经济结构、推进供给侧结构性改革等方面走在前列，使这座英雄城市再创辉煌"。唐山市认真贯彻落实总书记指示和党的十九大精神，致力于做好"文化 +""旅游 +"文章，特别是今年以来，紧紧把握创建国家公共文化服务体系示范区和河北省全域旅游示范市契机，着力深入推动文化和旅游融合发展，以高质量创建为统领，以推动文旅融合发展为核心，面向京津精心打造"唐山周末"品牌，加快把文化旅游产业培育成重要的支柱产业和新的转换动能，在城市形象进一步提升的同时，城市转型升级也增添了新的生机和活力，新唐山勃发英姿。

一、列入全市十项重点工作，健全完善政策设计和推进机制

将文化旅游融合发展作为唐山加快高质量发展"十项重点工作"之一，大力构建中部工业文化、北部长城山水、南部海岛湿地"三大发展板块"；市区工业文化休闲体验区、南湖生态旅游区、唐山国际旅游岛休闲度假区、曹妃甸湿地温泉休闲区、清东陵皇家文化旅游区、长城文化旅游区、滦河文化旅游区等七大产业聚集区，实现串点成线、连片的文化旅游融合发展格局。

1. 创新建立政策支撑体系

制定《关于促进文化旅游产业融合发展的若干意见》《关于加快创建全省全域旅游示范市的实施意见》《关于保护城市工业遗存、利用老旧厂房拓展文化空

间的指导意见》等政策措施，整合部门职能、突破行业管理、实现共融共促，对文旅持续发展形成强劲支撑。

2. 健全完善推进机制

2018 年 2 月，唐山市召开推进文化旅游产业融合发展暨创建省级全域旅游示范市动员会议，对文旅融合发展工作做出全面动员部署。随即《文化旅游产业融合发展工作实施方案》《文化旅游产业融合发展工作责任书》《文化旅游产业融合发展工作县（市）区及市直责任部门考评排名办法》等工作推进机制、配套制度全面跟进，形成了市、县、责任单位"三级"推进体系。

3. 加快构建文化旅游发展保障

编制完成了《工业旅游发展规划》《休闲农业和乡村旅游发展规划》《唐山市全域旅游发展总体规划》等文件；印发了《关于开展文化进景区活动的工作方案》；《唐山市全域旅游促进条例》于 2019 年 7 月 1 日起实施，为文旅融合发展提供了科学指导、法制保障。

二、聚焦做大做强项目支撑，把文旅资源转化为发展优势

唐山是文化旅游资源大市，"冀东文艺三枝花"（评剧、皮影、乐亭大鼓）在此发源，山海河湖岛一应俱全。为推动文旅融合，每年确定《全市文化旅游产业融合发展重点项目表》，落实领导包案制度，并通过一线指导、项目调度等举措，强力夯实发展的根基。

1. 坚持文化为魂，谋划项目

每年谋划实施 10 亿元以上重点项目 30—40 个，涉及工业文化、山水文化、海洋文化、温泉文化多个层面，打造拳头产品、立市项目。

2. 立足增强动能，推进项目

立足工业旅游、乡村旅游、海洋旅游、购物旅游、文化旅游多种业态，挂大联优、全方位发力，迁安中唐·天元谷文化旅游综合体、迁西花乡果巷田园综合体、古泉小镇等项目不断深入推进。

3. 实施重点突破，打造特色项目

确定工业旅游为重点突破点，继启动中国铁路源头游项目，建成中国（唐山）工业博物馆、中国·唐山陶瓷博物馆后，中国铁路源头博物馆、金达纪念馆等揭牌开馆，启新 1889 文化创意产业园大力提档，陶瓷小镇建设积极推进，核心工业旅游项目不断丰满，唐山市工业旅游产品体量、规模、品质得到进一步提升，正在打造全国工业旅游名城。

三、讲述唐山英雄城市故事，打造文化旅游"三大品牌"

唐山是一座具有百年历史的沿海重工业城市，也是一座人文荟萃、禀赋优越的资源大市，更是被总书记亲切关怀的英雄城市。牢固树立"大宣传、大营销"的理念，依托景区建设，充分发挥新兴媒体与传统媒体的优势，传播知名度、美誉度。

1. 打造"唐山周末"中国周末度假知名品牌

精心设计推出线路，重点瞄准京津冀周末旅游市场，突出唐山三岛、工业摇篮、唐乡生活、皇家温泉、评剧故乡五大主题，推出了畅游海岛湿地、观览皇陵长城胜迹、体验工业文化文明、品赏地方戏曲美食、休闲温泉与美丽田园等"唐山周末"一日、二日游以及串联北部、中部、南部重点景区产品的三日、五日游等线路 15 条，对市场形成了强劲感召力。南湖灯会、皮皮虾海鲜节、京东板栗文化节、徒步大会、唐山开埠 140 周年纪念等每年 50 多项重要节庆活动制造了文旅市场引爆点。

2. 打造"中国工业文化旅游第一城市品牌"

深耕城市中心区，挖掘唐山工业历史文化，正在实施开滦国家矿山公园、启新 1889、陶瓷小镇的建设提质工程。正在持续开展南湖时代灯光水秀、沉浸式主题演艺项目的谋划和建设，不断推动"工业遗存 + 文化创意产业 + 城市生活"高度融合，激发城市活力，拉动城市消费。

3. 打造"中国博物馆之城"

在扩大开滦博物馆、唐山工业博物馆、启新水泥工业博物馆、陶瓷博物馆等一批特色博物馆影响力的同时，启动汉斯·昆德故居博物馆、唐山女中教育记忆馆、唐山饮食文化博物馆等一批博物馆项目，用几十家博物馆记录过去，保存现

在，指向未来。

四、培育产业动能转换平台，注入文旅融合发展的持久动力

深入落实唐山市"文化＋""旅游＋"战略，实施了"农业＋旅游""体育＋旅游""城市＋旅游""运动康养＋旅游"等多个重点项目，推动旅游新旧动能不断转换升级、文化旅游产业深度融合、共融共生。

1. 深入搭建动能发展新平台

2017、2018 年成功举办两届唐山旅游产业发展大会，打造 40 多个项目，20 多个项目签约，形成强劲发展后劲。两届工业旅游产业发展联合大会、第三届中国国际房车旅游大会、南湖音乐节、中国滦河文化节、河豚美食节等活动也陆续登场，文旅搭台，产业唱戏，有力推动唐山文旅产业高质量发展达到另一个全新的高度，不断引爆"十一"等假日旅游市场。

2. 加快培育文化旅游产业龙头企业

唐山市委、市政府聚焦深化投融资体制改革，提升国有资本、国有资产统筹运营能力，做大做强投融资平台，2018 年 3 月唐山市文化旅游投资集团有限公司揭牌，国有文化旅游旗舰企业正式成立。唐山文旅集团将以打造国有资本投资运营公司、唐山文化旅游新名片和上市文旅企业为目标，通过资源整合、资本运作、项目开发、合作发展等多种途径和形式，积极推进实施一批影响大、质量高、带动力强的文旅产业项目，尤其将重点把南湖打造成高品质的文化旅游产业聚集区。

3. 积极拓展发展领域

跨界发展乡村旅游，"长城人家"精品民宿建设工程启动，山缘生态农庄、妈祖文化旅游区等一批乡村旅游示范点成功创建 3A 级景区，花乡果巷、官房村、亚太农庄等一批田园综合体、特色旅游小镇、休闲农场正在加紧建设。跨界发展研学旅游，李大钊纪念馆（故居）、清东陵、南湖生态旅游景区等 15 家单位被评为研学旅游示范基地，积极研发研学游产品、线路。跨界发展体育旅游，唐山周末徒步活动、长城徒步、越野拉力赛等对市场拉动效果明显。另外，中拉沙滩足球赛、唐山国际马拉松等赛事，不断成为知名体育休闲运动产品。

辽源市文化和旅游融合发展实践

张振宇 [①]

一、独特地域特色的辽源文化

辽源市位于吉林省中南部，地处长白山余脉与松辽平原的过渡带，历史悠久，文化底蕴丰厚，享有"中国梅花鹿之乡""中国琵琶之乡""中国农民画之乡"和"中国二人转艺术之乡"等美誉。寒葱顶国家森林公园、福寿宫、龙山公园、辽源矿工墓陈列馆等娓娓讲述着辽源独特的历史故事和瑰丽的自然奇观。进入新时代，辽源这座美丽的城市焕发出勃勃生机，经济发展势头强劲，综合实力显著增强，城市形象全面提升，在探索文化和旅游融合方面也取得突出成效。

二、文旅融合的思路

1. 深入推进体制机制融合

以文旅融合为主线推动文化广电体育和旅游深融合、真融合，为辽源全面转型发展贡献文旅力量，做到优势互补、协同共进，开创文化创造活力持续迸发、旅游发展质量持续提升、优秀文化产品和优质旅游产品持续涌现的新局面，推进文旅产业早日成为辽源经济社会发展的支柱性产业。

① 张振宇，辽源市文化广播电视和旅游局副局长。

2. 编制产业规划，做大旅游品牌

按照全省推动全域旅游发展的总体安排部署，以主客融合的美好生活为总目标，编制文旅产业规划，以"旅游 +"与"+ 旅游"双向发力为总合力，坚持全域覆盖、冬夏联动、分类推进、业态创新、城乡协同、共享共建，着力打造"冰雪 + 避暑"双品牌，努力把辽源建成文化、生态、休闲旅游名城，为推动辽源全面转型发展贡献全域力量。

3. 加快示范区建设，做强文化品牌

举全市之力推进公共文化服务体系示范区建设，实现公共文化服务的均等化、标准化。以庆祝新中国成立 70 周年为主线，结合"辽源城市节"，制订文化旅游体育活动计划，重点筹备好专场文艺演出和半程马拉松活动，提升辽源文化软实力和旅游吸引力。

4. 全面开展营销推广，加快数字平台建设

坚持"请进来、走出去"，做好旅游推介、文艺演出域外展演和巡演。着力推进开放合作，做好与绍兴市对接合作工作，推动两地间客源互换，开展好辽源琵琶赴绍兴交流展演活动。打造数字平台，充分利用互联网、微信平台、移动终端、数字电视等媒体开展形式多样的宣传推介，努力提升旅游文化品牌的知名度和吸引力，为辽源转型发展做出贡献。

三、建设成效

目前，辽源市在全市范围广泛开展人文社科、文艺欣赏、法制、科技卫生等基础知识的普及工作。加强村镇文化、社区文化、企业文化、校园文化、军营文化建设。加强社会科学知识的普及教育，提高全民文化素质，以市图书馆为龙头，县区图书馆为依托，开办"龙山大讲坛"，组织专家学者开展专题讲座。加强群众文化创作，发挥文化馆（站、中心）等文化机构的组织作用，充分利用传统节日、重大节庆、广场文化活动、助残日、残疾人文化周等契机，开展歌咏、读书、书法、朗诵、科普、残疾人作品展示等各种群众性文化活动。

结合辽源地区的实际，又围绕现代公共文化服务体系建设中均等化这一特征，

确立了辽源市制度设计研究的课题"辽源市公共文化服务均等化制度设计研究"。成立由机关干部、科研专家、基层工作者组成的专项课题组，把公共文化服务体系建设纳入党委政府和领导干部的考核体系，对各县区政府、市直部门进行指标考核，形成政府、社会、服务群体共同参与的监督管理体系。制定并实施各级公共文化机构的服务标准和评估标准，开展调研、指导和督查，加强工作调度、部署和总结，提高公共文化机构的服务能力和水平。

习近平总书记指出："人民对美好生活的向往，就是我们的奋斗目标。"文旅事业要坚持以人民为中心的发展思想，坚定信心、锐意进取，谋定而后动，努力开创工作新局面，创造一个属于这个时代的佳话！

激活资源　增强动能
走出文旅融合高质量发展新路子

大庆市创建国家公共文化服务体系示范区工作领导小组办公室

大庆是我国重要的石油石化工业基地和黑龙江省重要的区域中心城市，地域文明悠久辉煌，拥有丰富的古生物、古人类遗产和辽金文化、满蒙文化遗产，以"爱国、创业、求实、奉献"为核心内容的大庆精神铁人精神已成为这座城市的文化根脉。

近年来，按照国家和省有关公共文化服务体系建设的决策部署，大庆市委、市政府主动担当、积极作为，携手驻庆油化企业和社会各界，着力推进大庆公共文化服务标准化均等化发展，人民群众的基本文化权益得到有效保障。特别是自2017年大庆市启动创建第四批国家公共文化服务体系示范区以来，大庆市委、市政府以高度的历史使命感，明确提出构建"具有大庆特色、中部地区示范、全国资源型城市领先的现代公共文化服务体系"的总目标，明确要求全市文化和旅游系统充分把握融合发展机遇，始终以人民美好生活需要为出发点和落脚点，以提供高水平的文化体验和高品质的旅游享受为目标，着力推进文化和旅游基础资源、生产要素、产业链条的深度融合，充分释放机构改革效能，推动全市文化和旅游领域高质量发展。

一、文化与旅游领域公共服务相融合

针对当前人们对文化体验和旅游消费需求的井喷式增长，而全市现有公共服务设施总量不足、服务水平不高的瓶颈问题，大庆以创建国家公共文化服务体系示范区和推进全域旅游产业链一体化项目为抓手，着眼于资源共享、优势互补，推动公共文化设施拓展旅游服务功能，依托旅游服务设施开展文化惠民活动，让更多的市民和游客共享大庆风土人情。依托创建国家公共文化服务体系示范区，市级重点工程东北第四纪古生物化石保护研究中心工程主体竣工、大庆市美术馆改建项目正式启动、大庆音乐厅正式挂牌和县级重点工程"肇源县文博体综合场馆（PPP）工程"A标段主体竣工、西城区图书馆和龙凤区图书馆正式挂牌、杜尔伯特县图书馆和文化馆搬迁工作正式启动，全市乡镇（街道）综合文化站提升工程有序推进。推进旅游服务设施标准化，更新各类旅游交通标志牌和景区标识牌300余块，投放自助查询机12台，完善自驾营地4处。设立旅游集散中心，全市3A级以上景区Wi-Fi覆盖率达到90%以上。杜尔伯特县入选全国旅游标准化试点单位。注重强化旅游项目建设，大庆汽车旅游小镇一期工程、嘎日迪休闲旅游度假区建成投用。开展旅游景区"厕所革命"，新建旅游厕所14座，景区新建厕所基本能够达到A级标准。

二、文化内涵发掘与旅游品位提升相融合

针对当前人们对文化体验活动和旅游目的地选择的变化趋势，我们围绕以"铁人"为代表的石油工业形象、以湿地温泉为代表的自然生态形象、以蒙古族风情为代表的民族民俗形象、以猛犸象为代表的地域文明形象和以沃尔沃汽车为代表的现代制造形象等强势IP，推动文旅产品和行程玩法的创意创新。大庆举办激情之夏、大庆之冬、中国（大庆）湿地旅游文化节、中国（大庆）雪地温泉节和送欢乐下基层、红色文艺轻骑兵、文化进景区等品牌活动，充分发挥石油文化主题场馆多、种类全的优势，逐步形成了以"石油文化、生态湿地、雪地温泉"为主打的旅游产品体系，大庆冷资源和绿生态充分释放，全市旅游"冬强夏弱"的结构特征趋于改善。2018年大庆连环湖作为黑龙江省冬捕旅游联盟首任盟主，举办冬捕渔猎文化节，林甸县、杜尔伯特县全年接待俄罗斯游客达2万余人次，餐饮特色产品全鱼宴、全羊宴、坑烤等美食深受市民和游客喜爱，杜尔伯特县连环

湖景区、阿木塔蒙古风情岛跻身中国区域品牌价值评价榜。2018 年全市接待游客 2506 万人次、同比增长 35%，实现旅游收入 174.5 亿元、同比增长 22.47%。

三、艺术精品创作与旅游空间拓展相融合

艺术创作不仅是一种文化活动，也是丰富旅游产品、拉长产业链条的活力要素。大庆立足本土特色文化资源，争取各项艺术创作不仅要给人产生审美的感动，而且要使人产生旅游的冲动。大庆成功举办 2017 年央视中秋晚会，在全部 27 个节目中，大庆团体参演节目 14 个，《明月升》《大姑娘美大姑娘浪》《在水一方》《追寻》等节目伴舞，展开了一幅绝美而悠长的龙江风俗画卷，情景戏剧《又见铁人》将观众带回到石油大会战那段峥嵘岁月；市场化运作"学友·经典——世界巡回演唱会"，持续带动文旅市场繁荣发展。针对不同群体，推出杨利民戏剧作品展演、"9·26"文化艺术周、合唱艺术节、"辉煌大庆"主题歌会、"百湖歌王"争霸赛、儿童剧《奔跑吧·淘淘》《小邋遢历险记》等演出项目，带活以大庆歌剧院为主阵地的文旅演出市场。

四、文化遗产保护与旅游产品开发相融合

针对文化遗产既是文化资源，也是旅游资源的特点，大庆推动文化遗产保护利用与旅游业发展相融合。大庆瞄准建设"世界石油遗产保护示范城市"目标，全面提升铁人王进喜纪念馆、大庆油田历史陈列馆、大庆石油科技馆、大庆石油馆的展陈水平，加强松基三井、铁人一口井井址等重要文物单位保护，大庆油田、铁人一口井入选中国工业遗产保护名录。积极推动非遗产品研发、非遗项目进景区，将非遗融入食、住、行、游、购、娱等旅游各环节，为旅游发展注入文化内涵。全市各大文博场馆围绕"如何更好发挥文化场馆作用"做文章，在全市中小学生中组织开展实践研学活动，有计划地组织孩子们走进各类博物馆、陈列馆、展览馆，探寻大庆地域文明源头，发现大庆石油会战历史，感受大庆城市发展脉搏。据统计，2018 年全市有 3 万余名中小学生走进各类文博场馆开展研学探索之

旅。大庆市博物馆、铁人王进喜纪念馆入选第二批全国中小学生研学实践教育基地。2019 年 5 月 30 日，哈尔滨市第七十六中学的 1600 余名师生乘坐高铁专列抵达大庆，开展"寻找铁人足迹，传承铁人精神"红色教育研学活动，进一步拓展研学旅游市场。

不管是"读万卷书，行万里路"的历史传统，还是"身体和灵魂总有一个要在路上"的现代追求，文化和旅游都是人民美好生活需要的重要组成部分。大庆市在创建国家公共文化服务体系示范区过程中，将着力探索文化服务设施建设、服务内容同旅游公共服务的有机衔接，把政府、市场和社会组织力量聚集起来，把长期、中期和短期利益结合起来，着力促进文化和旅游公共服务的一体化发展，积极探索走出文旅融合高质量发展新路子，让全市 320 万人民群众享有更高水准的公共文旅服务。

文旅融合的长三角新探索

上海市长宁区文化和旅游局

上海市长宁区拥有丰富的文化和旅游资源，为适应文旅融合发展的新形势，长宁区积极落实中央和市委关于长三角一体化发展的战略部署，着力推动长三角公共文化服务及旅游区域联动发展，创新搭建公共文化和旅游融合发展新平台。由长宁区提出倡议并牵头建立了长三角地区国家公共文化服务体系示范区（项目）合作机制。长三角地区国家公共文化服务体系示范区（项目）合作机制启动大会暨首届长三角地区公共文化服务发展论坛为开拓长三角公共文化旅游融合一体化发展的全新局面夯实基础。"2019—2020上海市及长三角地区公共文化和旅游产品采购大会"设长三角合作机制专区，首次实现了文旅联合参展，实现了公共文化产品和服务全产业链集中展示，是公共文化及旅游产品供给侧改革的全新尝试。

一、区域一体，构建文旅融合发展新格局

1. 拓展路径，成立合作新机制

为推动长三角地区公共文化服务一体化发展，长宁区提出建立长三角地区公共文化服务体系示范区（项目）合作机制的倡议，旨在充分发挥各示范区（项目）的典型示范作用，实现优势互补、联动发展。合作机制的设想得到了国家文化和旅游部公共服务司、长三角区域合作办公室、沪苏浙皖文化（广）厅（局）的充分认可和大力支持。长宁区逐一走访了15个沪苏浙皖示范区所在城市（区），得到了积极响应。经过协商，最终确定由原上海市长宁区文化局联合上海市徐汇区

文化局、浦东新区文广局、嘉定区文广局、苏沪皖三省示范区文化（广）局、国家公共文化服务体系示范区创新研究中心、上海市群众艺术馆等18家单位共同发起建立长三角地区国家公共文化服务体系示范区（项目）合作机制。合作机制制定了《长三角地区国家公共文化服务体系示范区（项目）城市合作机制章程》，建立了联席会议制度，由39个长三角地区示范区和示范项目所在城市（区）的文化行政主管部门负责人组成领导小组，负责制订合作机制年度工作计划和发展目标，协调各成员之间的合作交流，策划举办文化交流活动。联席会议执行轮值主席制度，联络办设在上海市长宁区文化局。

2. 创新平台，合作机制见成效

长三角地区国家公共文化服务体系示范区（项目）合作机制启动大会暨首届长三角地区公共文化服务发展论坛于2018年10月23日至24日在长宁区举行。本次大会和论坛包含：参观考察长宁区、徐汇区、浦东新区公共文化场馆，长三角地区公共文化服务体系示范区（项目）合作机制启动大会，长三角地区公共文化服务体系示范区（项目）合作机制第一次联席会议，首届长三角地区公共文化服务发展论坛，"缤纷长三角、共圆中国梦"长三角地区优秀原创群众文艺作品展演暨第十六届长宁区"虹桥文化之秋"艺术节开幕式等内容。会议取得了系列成果，启动大会上发布了《长三角地区国家公共文化服务体系示范区（项目）合作机制虹桥宣言》；第一次联席会议上通过了《长三角地区国家公共文化服务体系示范区（项目）城市合作机制章程》；发展论坛上，6位公共文化服务和旅游方面的专家围绕如何促进文旅融合发展，如何以文化为引领推动乡村振兴，如何推动公共文化服务机制创新等六大主题进行了深入探讨。

二、凝心聚力，培育文旅融合发展新动力

1. 领导重视，上下一心，形成共识

国家文化和旅游部公共服务司、长三角区域合作办公室、长宁区委领导，示范区建设专家委员会专家及各成员城市代表对合作机制的建立和服务发展论坛的举办给予高度评价，形成了普遍共识。合作机制的建立是适应党和国家发展战略

要求、推动长三角一体化发展的重要举措，对长三角公共文化高质量一体化发展具有重大意义，开创了长三角地区公共文化服务合作的新平台和新思路。合作机制的建立是一个凝聚三省一市公共文化服务领域共识的成果，是一个合力促进长三角文化更好地服务民生的体现，也是一种国内发达地区跨行政区域公共文化服务合作一体化机制创新的探索，可以让老百姓共享更多更好的优秀文化产品，增强城市文化的综合实力和竞争力。各主流媒体也给予了全面报道，新华社发表了"沪苏浙皖'强强联手'，长三角公共文化一体化发展加速"的专题报道，点击量突破 30 万次；《解放日报》、上观新闻、《新民晚报》、《经济日报》、澎湃新闻等多家媒体进行专题报道。

2. 资源整合，各美其美，美美与共

以共建共享为原则，经过半年多的发展，合作机制取得了初步成效。一是初步形成群策群力，各方积极出资源、出思路、出方案、出经费的公共文化和旅游发展格局。合作机制充分利用长三角地区地缘相亲、文化相亲的特性，将长三角地区公共文化服务发展论坛、优秀原创群众文艺作品展演、公共文化服务产品采购大会、全民阅读推广活动、公共文化数字平台建设、公共文化培训体系建设、文化艺术联展、"城市书网"服务模式推广等列入合作机制重点项目，调动各方资源，汇聚各方力量，积极促进公共文化和旅游空间、文化旅游活动、文化旅游资源的共享以及文化服务大数据在公共文化和旅游融合领域的共析共用等。二是合作逐步向多层次、多维度、多元化发展。目前已形成"决策层、协调层和执行层"三级运作合作机制，形成了在长三角区域合作办公室规划和统筹下，主要领导座谈会、联席会议决策协调的机制，以项目为核心，积极推动公共文化和旅游领域的全方位合作，切实加强公共文化和旅游人才交流合作，促进人才资源流通，集思广益，共同破解发展难题。

三、采购大会，结出文旅融合发展新硕果

1. 全新尝试，首次实现文旅联合参展

为深化公共文化服务体制机制创新，构建跨界融合的大文化发展格局，2019

年 3 月 19 日至 20 日，由上海市文化和旅游局和长宁区人民政府主办的 2019—2020 年上海市及长三角地区公共文化和旅游产品采购大会在上海世贸商城举行。长宁区文旅局作为承办方之一，积极配合上海市群众艺术馆等有关单位做好场地落实、经费保障、长三角联络等工作。此次采购大会首次实现了文旅联合参展，首次实现了公共文化产品和服务全产业链集中展示，是公共文化及旅游产品供给侧改革的全新尝试。

2. 亮点突出，长三角一体化的突破性尝试

采购大会和以往文采会相比展现出了更多亮点。一是实现跨区域。采购大会打破了地区限制，实现了跨区域举办、市区联手、长三角联动。二是产品门类全。除传统文艺演出、剧目创造、非遗产品、文创产品等文化内容生产板块外，采购大会还推出了公共文化设施运营管理、旅游公共服务、文化科技融合、咨询培训及绩效评价等 4 个全新板块。在内容服务展区中专门辟出了长三角合作机制专区，涵盖 29 家来自江苏、浙江、安徽第一到四批国家公共文化服务示范区和示范区项目所在城市的推荐主体，产品数量达 67 个，是推动长三角一体化建设的又一次重要尝试。三是参展单位多。采购大会展陈面积近 1 万平方米，240 家主体参展，为历届举办物理空间最大，参与主体最多的一次。四是参与覆盖广。来自全国各省市文旅厅（局）负责人、示范区文旅局负责人、副省级以上图书馆馆长、文化馆馆长、长三角地区文旅局负责人近 500 位参展，共吸引上海市各区、街镇、居村相关专业观众、市民 10000 余人次参观。两天时间内，现场成交意向金额超过 1 亿元，意向成交项目 269 个，产品点赞数超过 25 万次，活动得到各方关注和高度评价。

四、面向未来，全面提升文旅融合发展能力

着眼于长三角文旅融合新趋势，长宁区将在国家文化和旅游部公共服务司、长三角区域合作办公室和三省一市文旅部门的指导下，以宜融则融，能融尽融为目标，创新工作机制，加强区域联动，努力推动长三角地区文旅融合发展走在全国前列。

1. 立足长三角，服务国家战略

将进一步贯彻落实中央、市委有关长三角一体发展的要求，以建设现代公共文化和旅游服务体系为重要抓手，聚焦文旅融合和乡村振兴战略，不断赋予合作机制新动能，提升合作机制新能级，打响一体化品牌，更好地服务于长江经济带发展和国家发展大局。

2. 立足新格局，发挥示范效应

将以公共文化和旅游融合发展重点项目为抓手，制订和实施文旅融合发展行动计划和实施方案，实现公共文化和旅游各城市从独奏走向协奏，构建长三角文化和旅游发展共同体，放大示范效应。

3. 立足新形势，促进改革创新

将深入贯彻落实全国宣传思想工作会议精神，在"举旗帜、聚人心、育新人、兴文化、展形象"上做出新贡献，共同推进公共文化服务改革，当好文化改革排头兵，共同推进文旅融合发展，打造长三角地区文旅深度融合发展样本，全面提升长三角地区公共文化和旅游影响力。

文化为魂　旅游为体
推动镇江文化旅游高质量发展

周文娟[①]

镇江是国家历史文化名城，也是中国优秀旅游城市，有悠久的文化积淀和丰厚的旅游资源。镇江三山、茅山、西津渡等全市重点旅游景区，文化特色鲜明，每个景区都有很多故事，值得细细品味。镇江博物馆、焦山碑刻博物馆、镇江民间文化艺术馆、茅山新四军纪念馆等公共文化场馆，是重点景区的重要组成部分，和旅游联系紧密，旅游服务功能完善。镇江的红色文化、诗词文化、三国文化、宗教文化等也已成为旅游发展的主线和灵魂。镇江的旅游景区、度假区、历史文化街区等在接待游客的同时，也成为文化传播、文化输出的重要载体。当前，文化和旅游的发展，是人民群众"读万卷书"和"行万里路"的需要，是人民群众不断增长的精神生活需要，也是文化旅游人奋斗的目标。我们将以人民群众需求为根本出发点，文化为魂，旅游为体，实现镇江文化旅游高质量发展。

一、以"国家示范区"创建为重点，抓好职能理念的融合

文化和旅游是一门需要全方位、多渠道参与的事业和产业，需要全社会的共同参与。我们将统筹好国家公共文化服务体系示范区和国家全域旅游示范区创建，突出特色亮点，充分协调政府部门、行业协会、社会团体、企事业单位等各方面

---

① 周文娟，镇江市文化广电和旅游局局长。

力量，完善文化旅游志愿者制度，畅通参与文化旅游建设的渠道，以满足当地居民需求为主，游客需求为辅，推动公共服务设施实现共建共享。

树立以文促旅、以旅彰文、和合共生的理念。坚持从实际出发，按照镇江的资源特点，走特色化、差异化发展的道路。发掘和活化镇江历史文化，抓好新兴文化的培育和收集，让文化更为时尚、更受欢迎、更有活力。同时，做好旅游景点和镇江本地文化 IP 的融合打造，让文化影响贯穿于游客游览的全过程，使得镇江的旅游产品独树一帜、与众不同。

二、以提升服务效能为目标，抓好文旅阵地的融合

统筹公共服务设施建设管理、功能设置和资源配置，注重提升文化旅游的发展品质，完善服务功能，抓好阵地建设，打造好面向游客、面向大众服务的最前沿。

1. 提升完善文博场馆旅游接待功能

提升扩建镇江博物馆，改造升级焦山碑刻博物馆，丰富全市文博场馆布局和设施。以"传承红色文化，畅游最美镇江"为服务品牌，着重打造红色旅游，将茅山新四军纪念馆建设为全市红色旅游拳头产品，参照井冈山、延安模式，推出红色教育体验活动，以点带面盘活全市红色资源，展示镇江文化旅游形象。

2. 建设游客服务中心

2019 年计划建成镇江站、镇江南站、金山湖三个市级旅游综合服务中心，加快推进市场化运作，完善游客休憩和集散、旅游咨询和宣传、商品展示和销售等各项服务功能，特别注重镇江文化特色的宣传。在布局设立环金山湖旅游公交专线、茅山旅游直通车等旅游公交线路时，抓好各节点旅游服务提供和文化展示。

3. 完善各项配套服务设施

抓好镇江南北美食文化交汇的特点，举办以美食为主题的节庆活动。突出文化特色策划娱乐活动，发展全市夜游经济。提升旅游星级饭店服务水平，支持民宿多样化、特色化发展。把乡村民宿作为乡村旅游发展的关键，通过乡村民宿建设发展乡村旅游。将围绕制定民宿标准、设定激励措施等，鼓励先行先试，让村

民将自住或空置房屋改造为乡村民宿，保留乡土风味和乡村文化，逐步实现乡村旅游的全产业链，推动乡村振兴。

三、以形成品牌影响力为核心，抓好演艺活动的融合

突出镇江本土特色和文化，注重面向人民群众，以文化旅游发展丰富人民群众精神生活，以形成品牌为核心提升节事活动综合影响力。

1. 举办金山旅游节

全年推出民俗文化、花卉观赏、美食文化、音乐休闲等旅游节事活动，涵盖包括恒顺酱醋文化节、西津灯会等年俗元素，花卉展览、鲜果采摘等田园乡村元素，淮扬风味、江鲜特色等美食元素，长江国际音乐节等音乐休闲元素。

2. 文化演出活动串联，带动旅游市场

围绕新中国成立70周年主题，举办"中国梦"主题歌曲（革命歌曲）大家唱等形式多样的文化活动。配合省文化和旅游厅举办江苏省首届"话运河　说非遗"江苏少儿民间故事讲述大赛，推进大运河文化带建设。结合金山文化艺术节推出"全民艺术普及""文化交流联动""文化艺术推广"展览展示等500场系列活动。所有文化演出活动充分进景区，并在各平台加强信息公布，做好与旅行社的信息交流，让来镇游客在旅游的同时能更多地欣赏到文化演出。

3. 创作精品戏剧，提升影响力

紧扣习近平总书记在全国政协十三届二次会议看望文化艺术界时重要讲话精神，用优秀的文艺作品描绘精神图谱，反映时代巨变。打造大型现代扬剧《茶山女人》。面向全国开展优秀小戏曲剧本征集评选活动，加大对新人新作扶持力度，加强优秀剧目储备，打造一部以大运河为主题的小戏。以文化戏剧丰富全市娱乐活动，让游客有更多选择。

四、注重产品策划和营商环境优化，抓好文旅产业的融合

文化旅游市场的融合是一门大课题，我们将围绕产品策划和品质提升，打造

良好的营商环境，以有序、稳定、繁荣为目标，提升市场效益。

1. 研发创意产品

近年来，镇江市文化旅游商品发展总体趋势向好，推出了镇江博物馆"文创小歇"、茅山新四军纪念馆"小兵驿站"等研发和销售网点，去年在中国旅游协会举办的"2018 中国特色旅游商品大赛"中，镇江荣获 1 金 1 银的好成绩。2019 年，将重点做好文创产品和旅游商品的质量提升、品牌打响、市场拓展、精美包装等方面工作，依托现有的"印象镇江"等旅游商品销售门店，整合规划具有一定规模、布局科学合理、配套设施完善、产品丰富多样的专卖场所。

2. 推进项目建设

抓好镇江三山风景名胜区服务基地（魔幻海洋世界）、奥悦冰雪乐园等主题乐园式项目建设，发挥其示范带动作用，丰富全市文化旅游市场。开创性成立市级文化旅游项目招商组，由分管副市长牵头组建工作专班，组织开展招商活动，已招引了苏州太湖旅游集团，将与镇江文旅集团开展合作，围绕镇江"三山"打造水上游乐项目，让以传统观光游为主的"三山"景区拓展旅游业态，打造镇江旅游的拳头产品。

3. 促进市场繁荣

持续以"镇江，一座美得让您吃醋的城市"为主题开展推介活动，通过旅游大数据分析客源，通过高铁、在线旅行商、自媒体等平台开展精准宣传营销，巩固老市场，开拓新市场。进一步放大旅游奖励政策的激励作用，撬动本市及周边城市更多的旅游企业资源，促进文化旅游市场繁荣发展。

4. 加强执法监管

强化对文化旅游企业事中事后监管，与工商、信用等部门联动，发挥红黑榜、信用管理平台的"信用惩戒"作用，加强对文明诚信经营的综合宣传。整合文化旅游执法队伍，推动文化和旅游市场培育监管工作一体部署、一体推进，促进市场主体融合、市场监管融合，全力推动文化市场综合执法队伍整合组建。联合行业协会等社会团体推进文化旅游行业自治，引导企业树立正确的经营观念、提升服务质量，自觉维护企业品牌和形象，营造文化旅游市场健康发展氛围。

蚌埠市提升公共文化服务效能的旅游导入

蚌埠市文化和旅游局

作为国家支持建设的淮河生态经济带三个核心城市之一，安徽省委、省政府支持建设的淮河流域和皖北地区中心城市、省四大旅游中心城市之一，作为第四批国家公共文化服务体系示范区创建城市，蚌埠市始终突出文化引领，打造"文化和旅游强市"。近年来，蚌埠市按照"文旅融合"的工作思路，在"公共文化场馆服务＋旅游""演艺＋旅游""非物质文化遗产＋旅游""景区＋公共文化服务""乡村旅游＋公共文化服务"等方面进行了积极探索和实践。

一、拓展公共文化场馆旅游功能

本着"资源共享、优势互补、注重实效、共赢发展"的原则，蚌埠市主动满足本地群众和游客参观、休闲、购物需求，推动公共文化设施拓展旅游服务功能。充分发挥"中国社会科学院考古研究所古代玉器研究基地"和"中国社会科学院考古研究所文创产品研发生产基地"的作用，依托公共博物馆、公共美术馆开发文化创意产品，并在市博物馆、市美术馆设立文化创意产品专题展区供游客品评、赏鉴、购买，在服务好当地居民的同时，把公共博物馆、公共美术馆打造成为"有温度、有故事、有情景"的文化体验空间。

二、打造文化旅游演艺精品节目

依托安徽省花鼓灯歌舞剧院、安徽省泗州戏剧院大力发展旅游文化演艺业，运用现代技术，创新演出形式和内容，创作了舞剧《大禹》、泗州戏《绿皮火车》等一批高品质的旅游演艺作品。鼓励和支持花鼓灯嘉年华景区打造了《千年花鼓灯》《布衣天子》等演艺精品，积极推动湖上升明月·古民居博览园与云南杨丽萍文化传播股份有限公司合作共建"杨丽萍艺术岛暨白族民居园"，拟将舞剧《十面埋伏》作为景区的驻场演出节目，延长游客停留时间，提升人均消费水平。

三、将文化遗产融入旅游各环节

推动文化遗产传承保护利用与旅游业发展相结合，依托文化遗产资源发展遗产旅游、研学旅游等，高起点建设蚌埠双墩、禹会村考古遗址公园，推动泗州戏、卫调花鼓戏和五河民歌融入吃、住、行、游、购、娱等各个环节，打造更多体现蚌埠文化特色的文化遗产旅游精品，培育文化旅游新业态。将博物馆、非物质文化遗产传习所等文化资源纳入旅游线路，将非物质文化遗产传承人的创作、传授、表演等环节纳入旅游和研学活动，不断创新文化产品的内容和展示方式，丰富文化产品供给，推出了一批"必游"文化旅游线路，推动优秀文化传播。

四、提升景区公共文化服务能力

充实旅游景点、景区文化内涵，推动景区文化服务体系建设。在湖上升明月·古民居博览园设立花鼓灯、泗州戏传习基地，鼓励传承人入驻景区开展非遗活态展演，开发观赏性、体验性特色文化旅游项目，吸引游客参与，不仅为非物质文化遗产项目及其传承人提供一个开放的、集中展示的、传承的空间，更为景区注入更优质、更富吸引力的文化内容。将公共图书馆的部分分馆（包括城市共享书屋和城市阅读点）建在景区和旅游公共场所供游客免费阅读。鼓励和支持景区引入影院、游艺、书店等文化业态。

五、开辟乡村旅游公共文化空间

将文化旅游融合发展与新型城镇化、美丽乡村、旅游扶贫等规划相统筹，推动乡村旅游目的地文化服务体系建设。鼓励和支持乡镇综合文化服务中心、农民文化乐园开展富有地方特色的群众文化活动，丰富乡村旅游的文化内涵。将基层公共文化馆（站）和综合文化服务中心开展的特色群众文化活动纳入旅游内容，固镇县胡洼村、五河县小溪村等乡村旅游扶贫重点村将村综合文化服务中心与游客服务中心整合规划建设。深入推进顺河历史文化名街、长淮卫古镇的人文建设，保护历史遗存，传承历史文脉，留住文化记忆，加强城镇特色文化风貌塑造，打造历史文化名街名镇。

文化引领　共建共享　和合共生

——文旅融合下公共文化服务体系建设的泉州实践

泉州市文化广电和旅游局

泉州是国务院首批公布的 24 个历史文化名城之一、古代"海上丝绸之路"起点，联合国教科文组织确定的全球第一个"世界多元文化展示中心"、中国首个"东亚文化之都"，文化积淀深厚，旅游资源特色鲜明。在文旅融合的背景下，泉州市始终坚持"统筹城乡、突出特色、共建共享、和合共生"的工作思路，深入挖掘泉州本地的文化内涵、文化资源、文化创意，统筹提升公共文化服务和旅游公共服务，以旅游建设提高公共文化服务品质，以公共文化服务建设带动文化旅游兴盛，打造"文化引领，共建共享，和合共生"公共文化服务体系建设的"泉州样本"，提升公共文化服务效能和群众的幸福感、获得感。

一、共融共生，打造文化和旅游公共服务新模式

泉州市立足于挖掘古城文化，形成"留人、留形、留神韵；见人、见物、见生活"的泉州特色古城文化保护 3.0 模式，着力推动公共文化服务体系建设与旅游融合发展，通过覆盖旅游景点全域的"百姓书房"建设新模式，为游客和当地群众提供随时随地的阅读服务，打造书香泉州；不断创新文化服务形式，构建文化资源"共建共享"新格局，融合旅游公共服务和公共文化服务的建设，以构建现代公共文化服务体系建设为基础，为泉州旅游注入新动能。

1. 创新文化服务模式，形成文化资源"共建共享"新格局

（1）共享古城建设

通过把文化创意、酒吧茶座、书吧、原创市集等业态引入古城街巷民居，建成集文创休闲、传统风貌建筑、当代艺术展示和交流的古城重要公共文化空间。对重点旅游景点金鱼巷进行微改造，打造公共文化服务体系特色展示区，引入精品咖啡、"润物无声"青年创客文化空间、南音非遗展示等，定期举行文创活动及文艺表演，丰富古城文化内涵，优化游客旅游体验，形成古巷文化活化的一个模式。

（2）共建志愿服务

泉州充分发挥文化志愿服务机制潜能，连续举办四期古城讲解员培训，培养上百名业余"新讲古人"，讲古城故事，讲古城文化，服务市民与游客。一些专家、学者加入其中，以专业的角度讲解古城文化，满足市民游客专业化文化需求。大力发展公共图书馆、文化馆、博物馆、美术馆等公共文化机构的志愿者队伍，开展丰富多彩的文化志愿者行动，通过志愿活动，让历史文化"活"起来。

2. "两公共服务"融合，为群众提供新体验

通过在资源、项目、平台、活动的有机融合上的积极探索，统筹公共文化服务和旅游公共服务建设，泉州将文化公共服务设施建设融入旅游公共服务设施中，推动公共文化服务设施和旅游公共设施整合。引导公共文化机构在服务好当地居民的同时，面向游客提供独具本地特色的文化服务，推动重点旅游区域基层综合文化服务中心、重点旅游乡镇综合文化站与旅游咨询中心、旅游休闲设施合并建设与运营。

泉州依托建设国家公共文化服务体系示范区、示范项目、旅游服务中心等契机，大力促进文化和旅游公共服务一体化。例如，目前正在建设的安溪凤山书院，将成为文化与旅游融合的综合体，为群众和游客提供一站式文化旅游服务，共享"诗与远方"；永春县在退出的水电站中加入水电和书香文化创意元素，把文化、旅游、产业发展等结合在一起，将发电厂房改造成"6982咖啡馆·书吧·茶舍"，集文化、旅游产业于一体，实现以公共文化服务建设促进旅游产业转型升级。

3. 探索阅读服务新方式，营造文旅共融共生新态势

（1）阅读服务点覆盖全域

市、区两级高度重视，通过把业态活化、把要素提升，集中力量将泉州古城打造成"海丝"文化、闽南文化、宗教文化的集中展示区，通过结合古城建设，着力打造富有闽南特色的阅读文化。在泉州古城区，以市图书馆为基础，区图书馆及各街道、社区图书室为分支，构建图书馆总分馆制，加上 24 小时自助图书馆、"百姓书房"，覆盖城区全域，形成一公里半径阅读圈，实现平等、开放、共享的服务理念。目前，全市新建成"百姓书房"25 个，总数达到 73 个，总投入超过 2800 万元，总面积达 12 571.6 平方米，藏书量超过 68 万册，比去年新增 32.6 万册，增幅超过 47.9%，总月均读者数超过 3.5 万人次。

（2）创新"百姓书房"建设模式

泉州市将"百姓书房"建设作为创新公共文化服务方式的重点项目，通过盘活利用现有闲置公共资源，鼓励不新建重改造，努力实现资源集约化、效益最大化。积极探索引入社会化力量参与建设方式，采取冠名、表彰奖励及品牌托管运营等措施，引导企业、社会团体等社会力量参与"百姓书房"建设，与上市公司、文创园区、大型商超、连锁书店、咖啡屋、书吧等联合开设"百姓书房"，实现"社会力量办文化"目标。如永春县将"百姓书房"开在酒店的大厅，住客在酒店里就可以借书，充分利用游客碎片化的时间，感受闽南阅读文化的浓厚氛围。

二、融合共享，构建文旅融合产品新体系，激发公共文化服务新活力

泉州充分利用历史文化资源丰富的特点，深入挖掘地方特色文化资源，构建文旅融合产品新体系，为公共文化服务体系建设注入新动力，不断增强文化凝聚力，促进文化事业大繁荣、文化产业大发展，以文聚力、以文育人。

1. 突出地域特色，寻找公共文化服务发展新角度

作为闽南文化生态保护区核心区，泉州市将闽南文化生态保护区建设与公共文化服务体系建设相结合，力求多方位、多角度地发展文化事业。一是实施

"十百千基础工程"，建立 10 个非物质文化遗产博物馆、100 个非物质文化遗产传习所（传习中心）、1000 个非物质文化遗产展示点。二是加强整体性保护重点区域建设工作，选择 21 个传统文化生态保持较为完整、自然生态环境基本良好的街道、社区或乡镇、村落等，作为实施整体性保护的重点区域，将重点区域建设与乡村文化振兴战略、文化旅游区建设紧密结合。

通过依托县域特色经济，提炼粹取文化内涵，不断增强县域发展的核心竞争力，激发文化创造活力，泉州市形成了德化的陶瓷文化、安溪的茶文化、晋江的鞋文化、石狮的服装文化、惠安的石雕文化、南安的石材文化、永春的香文化等县域经济特色文化，既发展富有特色的文化产业，促进了当地经济的发展，同时，特色文化产业反哺公共文化服务，群众从文化产业中受到文化熏陶，获得了强烈的文化认同感。

2. 丰富产品供给，提高公共文化服务新效益

多年来，通过探索横向到边、纵向到底的公共文化产品供给机制，大力实施"万千百十"文化惠民服务工程，即每年送万场戏、千场文艺培训辅导、百场展览、十个流动图书点下乡，泉州市基本实现县级每月、乡镇（街道）每两个月、村（社区）每月有活动的常态化格局。市、县两级组织"欢乐泉州百场文化活动下基层"等"三下乡"活动近万场，把专场文艺晚会、电影、戏曲、新书、图片展览等，送到乡村、街道、工厂、景区，丰富群众精神文化生活。同时，把民间独具特色的传统民俗文化编排成歌舞剧，融入南音、木偶戏、高甲戏、梨园戏等传统文化元素，下基层、进社区、走景区，为群众带来文化盛宴。

3. 创建特色品牌，提升公共文化服务新内涵

通过不断挖掘历史文化的当代价值，创新载体和表现形式，探索诠释海丝文化、古城文化、乡村文化、农耕文化、红色文化、民俗文化等文化新内涵，泉州不断扩大文化的影响力和知名度，实现文化和旅游优势互补、协同发展。积极打造大众文化活动品牌，形成了元宵灯会、中国泉州国际木偶节、国际南音大会唱、中外戏剧展演、"百转千回"精品戏曲展演、"博物馆之友"、"古楼讲古"等 20 多个群众文化品牌活动。各地在开展群众文化活动中，也形成了各具特色的群众文化活动品牌，如鲤城区温陵女子南艺坊、丰泽区蟳埔女赛歌会、泉港区"泉港之

夏"、石狮市"对渡文化节"、晋江市侨乡灯谜会、安溪县"茶都之夜"、德化县"瓷都广场文化节"等，成为当地群众游客踊跃参与的文化活动。

三、机制引领，推动文旅产业提质增效，缔造公共文化服务新生态

泉州以机制为引领，着力推动文旅产业转型升级、提质增效，积极培育新业态，推进文化产业跨越式发展，缔造公共文化服务新生态。

1. 多元连接，让历史文化"活"起来

打造"观传统·思未来"博物馆公共文化服务项目，倡导博物馆以高质量的文化供给，增进公众的文化认同感和归属感，增强公众的幸福感和获得感。创新性地开展闽南文化生态保护实验区建设，进一步拓宽社会各界参与非遗保护的渠道，激发社会力量参与非遗保护工作的热情，并对非遗进行活态传承。

2. 培育新业态，打造文化旅游业发展新增长点

近年来，"+"概念成为新兴热点。泉州通过发展"文旅＋工业""文旅＋科技""文旅＋金融"等"文旅＋"新兴业态，增强文旅产业对其他产业的引领和带动。鼓励传统实体书店、上网服务营业场所、娱乐场所转型提升，打造复合式文旅经营场所。引导非遗生产性保护，提升非物质文化遗产增加值，打造文创产业和文化旅游业发展新增长点。加大文创企业转型升级扶持力度，重点培育骨干文创企业，支持特色中小微文创企业发展。引导帮助全市文化产业园区构建文旅众创服务生态圈体系，抓好文化产业示范基地培育。推进文化创意创新，采取旧厂房改造，腾笼换鸟的办法，使旧厂房插上文化的翅膀，焕发新的生命，一批文创园产生，如领 Show 天地、源和 1916、"东亚之窗"、六井孔、甲第门等。这些创意园既是景区，也是文化产业的孵化基地。

创建国家公共文化服务体系示范区工作开展以来，特别是在文旅融合背景下，泉州市不断开创公共文化服务体系建设新模式，以公共文化服务建设为特色，促进旅游产业蓬勃发展，努力将"泉州样本"转变为适应全国的"泉州样板"。

乡村文旅融合的实践与提升

威海市公共文化服务体系制度设计课题组

威海市地处东部沿海城市，具有丰富的旅游资源，在建设国家公共文化服务体系示范区的过程中，明确将文旅融合作为制度创新的一个重点与亮点。如何在乡村振兴背景下，推进乡村文旅融合发展，探索文旅融合的路径与机制，是威海在公共文化服务体系示范区建设中所关注的重点问题。结合威海自身的资源条件和实践探索，取得了一些经验，也确定了进一步提升策略。

开发生态文化资源，推进文旅融合
——以张村镇里口山风景区为例

1. 发展定位和特色

威海市环翠区张村镇里口山风景区按照建设"精品景区"的经营理念，实施品牌化经营战略，以弘扬、宣传本土文旅和精致农业的"工匠精神"为目标，开展了书画设计、摄影摄像、婚庆礼仪、手工制作体验等相关文创体验内容，打造威海的文创产业汇聚地。

2. 具体建设和推广

在生态保护的基础上，景区基础设施和服务功能日臻完善，旅游产品不断丰富，文化内涵不断拓展，里口山风景区打造以"传统文化、亲子体验、特色民宿、生态观光、休闲农业、户外运动和禅修"为多元文化主题的乡村旅游综合体。围绕打造里口山对外宣传推介新名片，张村镇制作了《里口山城市山地公园手绘旅游指南》《美丽乡村在行动宣传手册》，以手绘地图的方式生动形象地展现了里口山的整体风貌和文旅项目。与山东交通学院深入开展校地合作活动，发挥各自优势，深度挖掘里口山十八里担架道等红色教育资源，通过口述采访、影像记录等方式，保留好、记录好、宣传好红色革命文化。

3. 人员配置和运营机制

里口山风景区在运营机制上采取的是政府牵头、多元主体共同参与的协同模式。里口山风景名胜区管理委员会是景区的管理单位，为副县级事业单位。里口山内部的柿园民宿、琴舍民俗、悦己萱咖啡则由社会资本运营。

4. 取得的经济与社会效益

依托里口山乡村美学堂教育基地、里口山新时代文明实践中心，里口山风景区与社会公益组织合作，面向市民、游客、中小学生免费开展儒学讲堂、绘画剪纸、烙画等公益培训，目前已组织 12 场，共计 400 余人参加。加强体育品牌建设，成功举办"桂花园杯"2019 年威海市越野跑竞赛、威海里口山"城市之心"国际自行车耐力挑战赛、"2019 全国徒步大会持杖行走威海站"、"里口山寻美全国露营大会"等活动，参与量达到 4000 余人次。和合塾国学馆围绕传统文化讲堂、生态种植、健康养生、户外实践等方面设计课程，面向社会公众、企业、学校、机关、社区等传播中华优秀传统文化，坚持古为今用，推陈出新。

挖掘乡村特色文化资源，推进文旅融合
——乡风民俗助推"渔乡画村"牧云庵发展

1. 发展定位和特色

牧云庵村位于荣成市石岛湾西两公里处，历史文化底蕴深厚。特别是清末民初以来，剪纸、绘画蔚然成风，剪纸作品贴在门上、窗上、墙上、斗上，成为村民由来已久的生活习惯，年画、国画成为每家每户的文化生活需求。美丽的"画村"牧云庵采取"政府引导、企业主导"的模式，由清华大学李久太博士团队负

责规划，由港湾街道办事处和牧云庵村共同出资建设，牧云庵旅游产业由牧云庵渔家风情有限公司负责运营，该公司还负责旅游设施的经营。画村着力打造写生、创作、营销三大功能区，做大做强"画的产业 渔的文化"品牌。

2. 具体建设和推广

（1）打造三大片区，筑牢文化载体

一是打造培训专区。将村里原有的 800 平方米大库房进行改造，划分了培训、作画、装裱和展示 4 个功能室，新开辟渔家画展厅，建设学员接待中心，变革渔家酒店经营方式，最大限度地满足师生到村里写生创作的需要。二是打造创作区。对石头老巷、石头老房等进行统一规划改造，打造画家一条街、画家部落等功能区，目前已启动 20 多户名家创作室和写生民宿改造工程。三是打造营销区。将1200 平方米画村接待中心改建成画村展示销售中心，可满足网上营销、真迹鉴定、订单创作等需求。三大片区的打造，为牧云庵的文化艺术创作提供了良好的载体，让文化艺术在这里萌芽、在这里创作、在这里发展，带领牧云庵走出荣成，走向更大的平台。

（2）深挖三大优势，突出文化内涵

一是发掘扩大北方渔家画的品牌优势。联系村内走出的书画名家、专业书画人员 15 人，定期举办个人书画展，提高画村影响力；对宋仁壮等已故画家的作品，建立"宋氏三兄弟画舍"专门展厅，永久保存。二是发掘扩大渔家村民崇尚画画的优势。以吴冠中等书画名家到此写生采景、村民爱画尚画为基础，以"有产业、有文化、有群众参与"为主线，进一步扩大农民画家、渔民画家队伍，建立"画村"发展的群众支撑。三是发掘扩大传统村落的特色民居优势。对村内"石岛红"石头建筑民居、海草房等传统建筑进行详细摸排，对本村现有石头房、石头老街逐一摸排，修复加固破损、老旧房屋。人才资源、绘画传统、特色村居，三大优势齐聚，为牧云庵的文化艺术创作提供了灵感，使牧云庵的文化艺术创作生根发芽开花。

（3）发展三大产业，助推文化繁荣

一是发展书画销售产业。依托村里打造的"书画展室"，将渔民作品和实习学生的优秀创作成果陈列展示，供游客和书画爱好者选购；由村书画协会牵头，成立营销小组，集中定价收购优秀作品，统一对外展示销售，逐步建立长效的宣传营销机制。二是发展民宿体验产业。打造名家创作、普居体验两大中心，对三条石头老街进行复古改造，收购或租赁沿街 20 余户"三进门""四合院"等传统民居，进行统一管理改造。三是发展生态旅游产业。与歌尔集团达成合作意向，挖掘"渔乡画村"牧云庵、"海上大寨"大鱼岛的历史文化、生态环境优势，开发牧云庵—大鱼岛渔家海景生态旅游线路，形成连村旅游体验区；引进邵氏陶艺、宋氏剪纸、渔家面塑等项目，增加旅游体验元素。三大产业的打造完善了牧云庵的产业链条，架起了文化艺术与市场的桥梁，使牧云庵的文化产业越来越繁盛。

3. 取得的经济与社会效益

围绕书画产业链条，依托村落内老旧公共建筑进行功能化改造，寓新于旧，新旧结合，既保留老建筑的原始风貌，又增强老建筑的现代化功能，将老建筑变成写生基地、书画培训基地。将现有资源、环境、文化优势进行多元产业开发，收益包括休闲旅游、书画培训、作品销售、民宿养生、租赁收入及文房用品销售等 6 大块，民宿旅游年收入达到 100 万元，书画销售年收入达到 160 万元，年均旅游收入达 260 万元以上，居民幸福指数明显提升。牧云庵先后获得中国旅游名村、山东美丽乡村精品示范村、山东首批美丽村居、山东省级传统村落、山东省乡村旅游创业之星、荣成市美丽乡村创建之星等荣誉称号。

传承优秀传统文化资源，推进文旅融合
——以威海经区信义文化园为例

1. 发展定位和特色

威海经区信义文化园是信河北、义河北两个市级美丽乡村示范精品村建设的重要组成部分。信义文化园以信义文化为核心，挖掘乡土信息故事，致力于打造形成集参观、教育、体验、旅游为一体的综合性文化体。同时，信义文化园也是十里花海田园综合体的中枢，与周边的花卉产业、中草药产业、垂钓休闲产业连点成线，积极探索"十里花间路、百里闻花香"的文旅融合发展新模式。

2. 具体建设和推广

信义文化园是连片打造美丽乡村示范精品村的重点，整个项目按照 3A 级景区标准打造，共吸引社会资本投入 1.1 亿元，已建成信义文化园、信义垂钓园、桃园、菱角湾、百草园、竹林、文化长廊、15 间民宿等景点，计划 2020 年全面建成。"十里花海田园综合体"是桥头镇实施乡村振兴战略的主抓手，初步形成了"六园一带"花卉产业布局。千亩杜鹃园等四个园区和石家河荷花景观带已投入运营，每年吸引赏花游客近 5 万人。为促进乡村振兴，盘活村集体经济，信义文化园与青岛润之泰商业运营管理有限公司签订战略合作协议，公司负责管理运营信义文化园、民宿和土地开发利用 3 个项目，计划在 3 年内将信义文化园打造成 3A 级旅游地，创建市级、省级、国家级文化教育传播基地，每年接纳游客不少于 1 万人。

弘扬红色文化资源，推进文旅融合
——以胶东育儿所教育基地为例

1. 发展定位和特色

胶东育儿所位于威海乳山崖子镇田家村。20 世纪 80 年代以来，乳山市相关部门着手对乳娘事迹及胶东育儿所历史进行抢救性挖掘，2016 年，胶东育儿所教育基地正式成立。胶东育儿所教育基地着力于打造一流的党性教育基地、红色教育基地和党史教育基地，以文物陈列、照片展示、影像播放、展室复原等方式，再现了胶东育儿所基地历史。依托胶东育儿所教育基地，乳山市着力打造以"红色文化"为引擎，以"建设美丽乡村"为目标的"红色＋绿色"旅游体验区。

2. 具体建设和推广

2016 年 5 月，乳山市在原胶东育儿所旧址、胶东行政主任公署旧址上修缮建成胶东育儿所教育基地，基地共 10 处展室，展出刊板 222 幅，实物 1300 多件。基地建成后采取了系列推广措施。一是媒体宣传。多次组织乳娘精神座谈会，并进行积极宣传推广；与济南青年政治学院合作舞剧《乳娘》，并到国家大剧院和省会大剧院巡演；参加了山东省广播电视台"'红动齐鲁——齐鲁红色故事讲解大赛'联合直播活动"和山东省教育电视台思政课录制栏目；与山东药品食品学院合作拍摄乳娘题材大学生慕课视频。二是积极开展红色共建活动。进一步完善党性教育课范本和校本课程，组织骨干力量成立"乳娘精神"宣讲团，赴部队、企业、学校和社区开展宣讲和共建工作，被多家单位授牌社会实践教育基地和党性教育基地。三是着力打造讲解员志愿者团队，选拔、培训优秀志愿者讲解员，以志愿服务带动乳娘精神的弘扬和传承。

3. 取得的经济与社会效益

自 2016 年 6 月开馆至 2019 年，胶东育儿所教育基地共接待团队 2400 个，受众 108 000 人次，有效地带动了周边村民就业，促进了沿线镇村经济社会持续健康发展。胶东育儿所教育基地自成立以来，先后被全国少年儿童"双有"主题教育活动组委会授牌"双有"教育活动基地，被威海市人民政府授牌威海市国防教育基地，被中国人民解放军国防大学授牌中国人民解放军国防大学现地教育基地，被中共山东省委党史研究室授牌（第三批）山东省党史教育基地，被中共威海市委宣传部授牌威海市爱国主义教育基地，被山东省社科联（科普部）授牌第十一批"山东省社会科学普及教育基地"，同时被多所高校授牌党性教育和社会实践教育基地。

威海市乡村文旅融合提升策略

按照"理念融合、职能融合、产业融合、市场融合、服务融合、对外交流融合"的思路，威海市抓紧文化与旅游部门整合的制度契机，依托威海丰富的文化与旅游资源，立足公共文化服务主业、本职，积极推进乡村文化融合。

1. 依托公共文化形象，打造乡村文旅品牌

威海市在对本市公共文化资源现状进行充分调研的基础上，对乡村公共文化特色资源进行分类，并对各类资源的文旅融合现状予以分析和研究。在此基础上，系统考虑公共文化资源与旅游的融合、对接与促进，形成具有全市层面的顶层规

划方案。首先，打造区域文旅融合品牌，按照分类品牌建立名录，实现一体推广、整体传播、相互带动。将荣成"自由呼吸·自在荣成"、文登"文德天下·登峰如画"、乳山"母爱圣地·幸福乳山"等各区市的文化旅游品牌，纳入精致威海的品牌体系中，进行集群化文旅品牌营销。着力打造红色文化旅游带、山东东疆历史文化廊道旅游带等，引导威海全域形成不同特点、不同内涵的差异化乡村文旅结合线路。

2. 挖掘公共文化服务设施潜能，推进乡村文旅有机融合

从乡村规划、景区规划的角度出发，在确保基层公共文化服务中心基本功能的基础上，美化外观、优化功能，努力将其打造成为旅游线路中的景点。推动沿街公共文化综合服务中心在外观上与景区相融合，农家书屋承担特色文化内涵展示功能，乡村文化记忆馆成为乡村特色历史记录馆等，让公共文化服务设施服务功能与美学内涵兼具，文化意味与景点特色共显。

3. 立足公共文化特色，形成差异化乡村旅游产品

威海乡村具有多种多样、各具魅力的公共文化资源，如海洋文化、红色文化、传统文化、民俗文化、生态文化等。政府鼓励有条件的地区建立乡村民风民情博物馆，建设展现威海特色和优秀传统文化的博物馆，建立特色主题博物馆，如在信义园的基础上打造信义文化博物馆等。同时，紧紧抓住公共文化资源在国民教育、社会主义核心价值观传播中的重要地位，通过科学规划、精准定位，建立一批研学基地，推动文化、旅游、教育共同发展。

4. 丰富公共文化活动，拓展乡村文旅融合内涵

鼓励非遗传承与乡村旅游的融合。通过组建非物质文化遗产研究院、遴选非物质文化遗产传承示范村、欢庆非物质文化遗产节等方式，引导、鼓励非物质文化遗产向文创产品、文艺表演、文化体验等方式转化，实现非遗与旅游产业相结合。

鼓励乡村公共文化活动与乡村旅游相融合。以村镇为单位组织社区文化节，挖掘乡土记忆、讲述乡土故事，形成乡土特色，丰富旅游体验；引导已形成规模的特色乡村公共文化活动（如吕剧）与旅游线路设计、旅游产品开发相结合；引导公共文化服务与乡村结对子，推动乡村公共文化活动升级。

5. 注重公共文化传播，打造乡村文旅融合的宣传阵地

首先，完善公共文化传播功能与乡村旅游相融合。通过政策引导、评估考核、制定标准等方式，规范旅游景区文化建设，弘扬社会主义核心价值观和优秀传统文化，通过文化整理、文化挖掘、文化传播塑造积极的国家形象。其次，推进历史文化认同与乡村旅游相结合。通过规划旅游线路，全方位呈现威海的历史传承、革命精神、自然和谐、人文特色等内涵，激发爱国热情；在讲解人员培训方面加强爱国主义、先进文化教育，使之能够自觉成为文化认同的传播者与教育者。最后，充分利用互联网、新媒体以及旅游产品推介会、文化节等形式，面向公众整体推广，形成针对目标客户的整体性宣传效应。

许昌加快文化和旅游产业发展，促进深度融合

孟照阳 [①]

近年来，文化旅游业在我国经济结构中的重要性不断提升。2019 年是河南省许昌市文旅融合的开局之年，许昌市按照"抢抓机遇、紧盯项目、擦亮品牌"的工作思路，继续抓好文化旅游产业转型升级行动计划的落实，大力促进文化旅游产业深度融合、快速发展。

一、文化旅游产业发展现状

自市委、市政府部署文化和旅游融合发展以来，许昌市坚持把旅游业作为促进资源型城市可持续发展的重要接续产业，主要从以下三个方面发力。

1. 着力发掘许昌城市文化内涵

以习近平总书记新发展理念为指导，以推动文化和旅游业高质量发展为目标，以第十三届三国文化旅游周专题推介为契机，许昌市高质量高标准打造许昌旅游品牌。将曹魏文化作为许昌文化和旅游的"魂"和"根"，引领带动许昌文化旅游的整体对外宣传。把曹魏古城、灞陵桥、春秋楼、曹丞相府四个曹魏文化主题景区统筹安排，统一推介，推出"曹魏故都、许君以昌"的宣传口号，着重宣传推介许昌曹魏历史文化和城市生态水系建设的融合发展，打造具有区域影响力的文化旅游城市品牌。

[①] 孟照阳，许昌市文化广电和旅游局局长。

2. 促进文化和旅游产业高质量发展

一是抓好乡村旅游工作。遴选了资源禀赋优越、服务设施完善、文化底蕴深厚的禹州市鸠山镇、襄城县紫云镇和禹州市无梁镇大木厂村等 12 个村镇作为 2019 年全市乡村旅游示范村镇进行重点培育。二是持续强化景区管理。对灞凌桥景区、曹魏古城开展 4A 级景区创建工作，组织开展 A 级景区玻璃栈道、玻璃吊桥项目建设，督导景区设置安全警示标志，张贴宣传标语，确保景区保持良好的安全秩序。三是着力推进全域旅游示范区创建工作。许昌市魏都区、鄢陵县被列为第二批国家全域旅游示范区创建单位，以此为契机全力推进全域旅游创建工作。四是积极做好红色旅游发展工作。对全市红色旅游资源进行梳理汇总，全面掌握红色旅游底数，为红色旅游线路打造提供支撑；积极指导建安区杨水才纪念馆、襄城县毛主席视察纪念馆申报河南省 100 个红色和优秀传统文化课堂，打造红色旅游特色品牌，提升全市红色旅游知名度。

3. 打造特色旅游品牌

依托春秋楼、灞陵桥、曹魏古城、神垕古镇、建业绿色基地、大鸿寨等文化旅游品牌重点景区，设计、制定、发布了许昌文化旅游品牌线路、红色旅游线路、乡村旅游线路、许昌旅游一日游线路等地方特色旅游线路。做好省级旅游度假区、乡村旅游特色村、休闲观光园区、特色生态旅游示范镇、乡村旅游创客示范基地的申报创建工作，并组织乡村旅游重点村镇干部进行专题培训。

二、旅游产业转型发展工作主要特点及成效

1. 文旅融合蓬勃发展

积极开展"旅游 +"，推动旅游与文化的深度融合发展，中国钧瓷文化园、春秋楼被河南省旅游局命名为"河南省首批研学旅行基地"，神垕古镇先后被中青旅、河南省教育厅命名为"研学旅行基地"，禹州市、鄢陵县被省旅游局、省中医管理局命名为"河南省中医药健康旅游示范区"，禹州市华夏药都健康小镇被命名为"河南省中医药健康旅游示范基地"。鄢陵县按照旅游度假区标准不断提升完善服务质量，积极开展国家旅游度假区创建工作。推动全域旅游建设，鄢陵

县、魏都区成立了全域旅游示范区创建工作领导小组，制订了国家级全域旅游示范区创建工作方案，2017 年以来我市先后成功创建了国家 4A 级景区 3 个、3A 级景区 3 个、一钻级智慧景区 2 个，省级特色生态旅游示范镇 2 个，省级乡村旅游特色村 5 个，省级乡村旅游创客示范基地 2 个，所获得的省级以上荣誉居全省前列。在春秋楼、灞陵桥景区引入《忠义千秋》《灞陵相送》情景剧演出。

2. 旅游品牌持续优化

聚焦"曹魏故都——智慧之旅""神垕古镇——体验之旅""花卉苗木——生态之旅"三大旅游品牌，狠抓创意营销，高标准策划承办三国文化旅游周、花木博览会、钧瓷文化节等节会中的旅游活动，尤其是钧瓷文化旅游节中的神垕古镇开街、形象 IP 的推出，引爆了许昌体验游市场。拓展营销渠道，加大旅游宣传，积极参与"老家河南"央视捆绑宣传，在央视投放许昌旅游宣传广告，利用搜狐网、今日头条等知名网站和许昌旅游网、微信平台等新媒体拓宽传播渠道，在郑州高铁东站、许昌高铁东站 LED 屏及站台灯箱进行户外宣传，提升许昌旅游知名度。积极开拓客源市场，先后在郑州、洛阳、开封、南阳、亳州开展针对性的客源推介，发布许昌文化旅游三大品牌的线路和优惠政策，许昌旅游品牌形象大幅提升。主动加强与郑州、开封、新乡、焦作等城市的磋商对接，积极参与郑州大都市区旅游合作推广联盟，2019 年 3 月在许昌成功发行郑州市的旅游惠民年卡，力争 2019 年底之前将许昌的重点景区纳入郑州的旅游年卡推广范围。

三、未来建设路径

1. 制定精品旅游线路

一是发展文化游。活化文化资源，推动以许昌博物馆、塔文化博物馆、钧官窑址博物馆、中原农耕文化博物馆等为代表的博物馆旅游。二是发展研学游。依托神垕古镇、中国钧瓷文化园、春秋楼等省级研学旅游基地和建业绿色基地、花木博览园等景区，开发亲子互动游、体验教学游、户外拓展游等研学游产品。三是发展康养游。督促鄢陵县尽快启动国家中医药健康旅游示范区创建工作，指导禹州市加快发展医药康疗、运动健康等康养旅游产业。四是发展体育游。指导建安区推动东部生态旅游产业园隆兴森林运动休闲基地建设，支持鄢陵县柏梁镇、陈化店镇积极创建"休闲体育小镇"。

2. 打造乡村旅游特色

发挥神垕古镇、五彩大地、大鸿寨等主要景区的示范引领作用，打造一批具有地方特色的节庆活动。围绕具有历史记忆、地域特点、乡土特色的风情小镇和特色村落，培育旅游示范乡镇 2 个、示范村 10 个。通过举办摄影大赛全面展现旅游示范乡（村）的资源禀赋和特色亮点，邀请旅游专家对旅游示范乡（村）负责人进行培训，组织负责人赴先进市县考察学习乡村旅游发展模式。做好乡村旅游特色村镇的培育工作，拟制下发《2019 年许昌市乡村旅游示范村镇培育实施方案》，明确重点培育对象，建立档案资料，强化培育工作组织领导，对工作任务进行细化分解、明确责任分工，集全市之力打造乡村旅游品牌。

3. 加强优化旅游品质

增加旅游行业经费投入，引导社会力量参与旅游建设，争取国家红色旅游、古村落保护、旅游发展等配套设施经费。创新旅游营销推广，充分利用电视、网络、报刊等知名度高的主流媒体加强推广宣传，在高速公路、城市出入口和通往景区的干道规范设置旅游交通指示牌。发挥智慧旅游平台的传播、引导、服务作用，与大数据管理部门对接，及时更新、共享相关信息，指导 A 级以上景区开展智慧化景区建设。持续开展旅游厕所革命，力争建成旅游厕所 63 座。按照微景区、新亮点的标准，抓好许昌市旅游服务中心改造提升。

以乡镇综合文化站建设助推文旅融合与脱贫攻坚

六盘水市人民政府

为贯彻落实中共中央关于公共文化领域重点改革任务，六盘水市委市政府紧紧围绕改革要求，高度重视、高位推动、抓强基础、做实工作，以乡镇文化站为切入点积极推动基层综合性文化服务中心建设，紧紧围绕脱贫攻坚的工作大局，以"扶贫先扶志，扶贫必扶智"为重点，在推动文旅融合上发力，探索了经济欠发达地区乡镇文化站的改革发展之路，取得了明显成效。

一、乡镇文化站建设与改革的主要举措

1. 统筹有力

成立市委书记、市长为双组长的领导小组，结合国家公共文化示范区创建工作，针对乡镇文化站建设与改革建立全面组织学习、全面部署动员、全社会广泛参与的工作模式。出台基本公共文化服务目录，制定乡镇、村两级公共文化服务规范。建立月调度工作台账、季度召开 1 次调度会议的工作机制，把乡镇文化站工作纳入各级政府的目标考核。

2. 保障到位

建立了"1+5+N"（文化站 + 文化宣传员、党教辅导员、科学普及员、普法教育员、体育健身员 + 多个群众文艺队伍）的服务模式和保障机制，按照有阵地、有经费、有队伍、有活动的要求，全力保障乡镇文化站建设。全市投入 1600 多万元，通过乡村公共服务功能整合，实现了 726 个村文化管理员全覆盖。

3. 社会参与广泛

建立了市县乡三级联动工作机制，220 个由文化馆指导的文艺团队和 2000 余名文化志愿者结对帮扶 726 个乡村文艺队伍，统筹使用广电云、远程教育、文化云资源，实现部门共建共享。

4. 评估研判有效

按照边改革、边总结、边完善、边提升的工作路径，组织由人大代表、政协委员、基层群众共 20 余人组成的评估工作组，适时对文化站进行"三亮"（亮目标、亮责任、亮成绩）评估，对效能较好的文化站予以奖励，对效能较差的文化站重点帮扶指导。

二、乡镇文化站建设与改革的主要成效

1. 乡镇文化站成为脱贫攻坚政策宣讲的中心阵地

六盘水市成立了政策宣传队、文艺辅导队、图书服务队、法制宣讲队，把党的政策送到千家万户。2018 年各乡镇文化站共开展扶贫政策宣讲会 2900 余场、法律普及宣讲 700 多场。为 65 个乡镇文化站、726 个农家书屋配置的种养殖、科普、社会主义核心价值观等相关理论和实践图书，累计借阅达 15 800 余人次。用好文化站文艺宣传小分队，以老百姓喜闻乐见的文艺演出形式宣传脱贫攻坚的方针政策，如盘州市双凤镇小品《懒汉脱贫》，政策解读准确、内容积极向上、形式生动活泼，已在各地巡演 200 余场次。

2. 乡镇文化站成为农民脱贫致富技能提升的实践基地

综合运用新时代文明实践中心、培训室、室外广场等设施，加大错时开放力度，充分利用夜间和农闲时节，向农民群众传授农业种养殖技术。2018 年开展各类种养植培训 1450 场。针对六盘水市民族文化多姿多彩的特色，各文化站充分利用非物质文化遗产资源，建立各类非遗传习所 20 个，组织开展挑花、刺绣、蜡染、传统服饰制作、农民画、竹编等各类传统手工技艺培训。如水城农民画，经过乡镇文化站非遗传习所持续培育提升，从 20 名画师、30 名从业人员、年产值仅 4 万元发展到如今拥有 360 名画师、530 多名从业人员，2018 年产值

达到 810 万。

3. 乡镇文化站成为乡村旅游助推脱贫攻坚的发展热地

全市开展旅游资源普查，将民族文化特色鲜明、有开发前景的 35 个乡镇、112 个村纳入《六盘水市全域旅游发展总体规划》。乡镇文化站指导乡村特色文化园区、乡村旅游示范点建设，目前已经建成乡村特色文化园区 4 个、乡村旅游示范点 19 个。依托文化站阵地，整合本地特色资源，实现文化传承和旅游观光的有机融合。如盘州市淤泥乡文化站将非遗传承人集中起来，成功打造兼具彝族文化传习所功能的综合文化站，拓展了乡镇文化站传统手工艺的传习、体验功能和产品展销功能。

4. 乡镇文化站成为运行规范服务高效的精神高地

六盘水市出台了乡村两级公共文化服务规范，加强了以"三亮"为内容的社会化效能评估，乡镇文化站服务效能明显提升。2018 年，全市乡镇文化站开展文化艺术辅导 7300 多次，每个村建立和培育业余文艺队伍 3 支以上，每年组织戏曲或文艺演出 3 场，公益电影放映 12 场，群众自发组织的广场舞等各类文体活动近 5 万场，农民文化生活进一步丰富，农村群众的精气神得以提升。

下一步，我们将以习近平新时代中国特色社会主义思想为指导，进一步围绕脱贫攻坚大局，持续深化改革、创新服务，为新时代贫困地区乡镇文化站建设、发展和改革做出新的探索。

"五位一体"，开发民族文化资源，推动文旅融合发展

昆明市文化和旅游局

昆明是国务院公布的首批国家历史文化名城之一，历经 2000 多年的发展，依托得天独厚的气候资源和独特的山水名胜，孕育出了极具特色的地域文化和丰富多彩的民族文化，形成了悠久的历史和深厚的文化底蕴。近年来，昆明市立足本地域民族文化资源优势，多角度、多领域推动文旅融合，大力发展文化旅游产业，完善公共文化服务功能，通过文化和旅游的融合发展，全方位展示昆明历史文化之美、山水城市之美、民族文化之美，构建文旅融合时代的昆明现代公共文化服务体系新篇章。

一、历史文化 + 旅游

丰富的历史文化遗存和灿若星辰的历史名人是昆明的靓丽闪光点。在推进文化和旅游融合发展的进程中，昆明市着重以提升历史文化名城品牌为抓手，全面加强文化事业和旅游产业的同步发展。

1. 抓好历史文化古迹的保护，满足民众文化需求和推动旅游发展并举

充分挖掘、整合全市历史文化资源，推进以"翠湖片区博物馆群落""龙泉古镇博物馆群落""官渡古镇博物馆群落"为代表的博物馆业建设发展及传统街区与老建筑的保护工作，既有效完善了全市博物馆（纪念馆）的服务功能，也让属于昆明的经典象征和"记忆火种"鲜活起来，在有效挖掘昆明历史文化底蕴的同时，提升了广大市民群众的文化获得感。

2. 依托名人效应传播昆明文化旅游

依托郑和、聂耳等历史名人的传播效应，昆明打造"昆明郑和文化旅游节""聂耳音乐（合唱）周"等文化旅游新品牌，为新时代昆明旅游事业发展注入新的文化元素，让昆明旅游更具文化魅力。"昆明郑和文化旅游节"通过举办郑和纪念大典、千人秧老鼓舞大赛、学术论坛、旅游推介等活动，传播昆明历史文化、推介昆明旅游资源、繁荣群众文化事业，正成为昆明市乃至云南省扩大对外文化交流、促进文化创意和旅游产业发展，推动社会经济发展的有效载体。"聂耳音乐（合唱）周"以加强国内外文化交流和突出文化惠民为重点，既有高雅的精品文艺会演，也有亲民的惠民艺术展演，已成为昆明文艺界的盛会，正走出昆明，绽放全国。

二、传统技艺 + 旅游

1. 用产业发展带动传统技艺的保护传承

以传承、弘扬昆明地区优秀传统文化为契机，昆明充分发掘本地区的民族民间文化资源和传统技艺遗产，通过建设非物质文化遗产传习（展示）基地、打造民间歌舞乐文艺作品、开发民族手工艺产品等方式进行市场化推广，涌现出了石林县彝族撒尼刺绣传习中心、石林县农民画馆、官渡区乌铜走银等一批特色的传统技艺体验和旅游商品，实现了传统技艺的保护传承和文化旅游事业发展的双赢局面。石林县彝族撒尼刺绣传习中心自2017年对外开放以来，接待访客4万余人次，官渡区乌铜走银特色旅游商品年销售额达700万元以上。

2. 打造品牌展示活动增强宣传效果

依托4A级景区官渡古镇，昆明连续8年举办全国非物质文化遗产联展，宣传展示各地区非物质文化遗传保护成果。2019年第八届中国（官渡）非物质文化遗产联展累计吸引来自全国20个省、市、自治区共102个项目参展。中国（官渡）非物质文化遗产联展正成为官渡古镇旅游开发的一张文化名片。

三、农业文化 + 旅游

昆明作为西部地区重要的农业发展聚集地，孕育了和保存了众多乡土和农耕文化资源。随着城市化进程的不断推进，都市民众对乡土文明感受、农耕文化体验等特色旅游的需求日益增长。昆明市紧紧抓住乡村文化旅游的供需两端，积极迎合现代都市人群的旅游新需求，大力开展乡村文化和农业文化特色旅游体验项目。

1. 大力发展乡村文化旅游产业

昆明在发展乡村经济、助力脱贫攻坚的同时，有效推动传统农耕习俗、民居建筑和文化形式的保护。西山区"乐居民族文化园"着力打造彝族白族千年和谐文化体验示范点，成为集白族四合院建筑和民俗文化展示、民族工艺产品集散、高校文化科研实习、现代营销电商服务、民族歌舞表演、特色饮食体验为一体的综合性乡村文化旅游体验中心。宜良县马蹄湾河湾村依托马蹄河沿途的峡谷风光，打造彩色水稻创意图案种植、稻花鱼养殖等特色乡村景观和旅游体验项目，成为各级媒体争相报道的"网红"村，并成功入围第一批"拟入选全国乡村旅游重点村名录"。

2. 发展农业特色文化旅游

在推进"春城花都"品牌建设中，昆明把鲜花主题融入农业特色产业发展，打造宜良县"樱花节"、石林县"血桃文化节"、高新区"秋木梨花节"等农业文化旅游项目。以花为媒，搭建赏花游览、饮食体验等旅游项目，并广泛组织开展各类丰富多彩的群众文艺展演和特色公共文化服务项目，推动公共文化服务和旅游产业同步发展。

四、民俗节庆 + 旅游

优美的自然风光、怡人的气候环境和多姿多彩的民族文化是昆明最引以为自豪的"资本"。在全域旅游发展的时代潮流中，昆明市始终坚持把民族和自然相结合，推动文化和旅游的融合发展。

1. 打造品牌活动提升昆明形象

依托"四季如春"的气候资源和高原明珠滇池的湖光山色，昆明通过市场化运作方式，以开放、包容、多元的姿态，打造上合昆明国际马拉松赛、昆明高原国际半程马拉松赛、昆明环滇池高原自行车邀请赛、中华龙舟大赛（昆明滇池站）等大型对外文化交流活动和体育竞赛项目，并鼓励广大市民、游客及运动爱好者报名参与，既满足了市民群众的文体活动需求，也有效展示了昆明形象，宣传推广了昆明旅游资源。2018年上合昆明国际马拉松赛共吸引了来自世界各国的2万名跑者参加。重大文化交流和体育品牌赛事正成为宣传和推介昆明的一扇重要窗口。

2. 繁荣民族节庆文化推进全域旅游

昆明从市级层面出发充分整合各类民族文化资源，打造"春城文化节"群众特色文化活动品牌，并联动县、乡、村三级定期在公共文化设施、公共文化广场等群众和来昆游客聚集的地方开展各类特色群众文化和文艺展演活动，既满足广大民众的公共文化服务需求，也为昆明旅游发展营造了浓厚的文化氛围。各县（市）区不断挖掘本土特色民俗和节庆文化资源，加强配套设施和功能的完善，组织举办各类少数民族民俗节庆活动，开发各类民俗文化体验活动，让广大市民群众和游客获得更多的民俗文化体验。西山区"三月三"民俗节、观音庙会的民众登山、唱山歌、对调子，西山区、盘龙区苗族"花山节"的斗牛（鸡）、赛马、射弩、民间歌舞展演，石林县"密枝节""祭山节"的传统摔跤等民俗节庆和特色文化项目越来越受到人民群众的欢迎和广大游客的青睐。

五、饮食文化＋旅游

丰富多彩的饮食文化和地方美食既是对传统文化的传承，也是推动文化和旅游融合发展的重要载体。昆明市作为多民族聚居地区，发展和形成了呈贡"七步场豆腐"、寻甸县"菜牛"等一批富有地方特色的美食和饮食文化。近年来，全市着力在挖掘特色美食、打造饮食文化旅游体验上下功夫，建设了呈贡区七步场豆腐博物馆等饮食文化展示基地，打造了"七步场豆腐文化节"、寻甸县"菜牛美食文化旅游节"等饮食文化体验活动，并辅以长街宴、地方小吃展、书画摄影展、文创产品展销、厨艺大赛、文艺展演等特色文化服务项目，让广大人民群众和八方游客既得到了物质享受，也获得了文化体验。目前，在呈贡区七步场社区已发展形成一条含豆腐作坊 10 家，特色餐饮企业 13 家，日均接待游客 5000 余人的豆腐文化旅游产业链。

展望未来，昆明市正在加快建设成为面向南亚、东南亚的区域性国际中心城市，全面提升"世界春城花都""历史文化名城""中国健康之城"三大品牌。实现文化和旅游融合发展，已有更高指向，也面临更艰巨的任务。昆明将在如何更好地发挥昆明的民族文化资源做大做强文化旅游产业，探索现代公共文化服务体系建设中的文旅融合等方面做出不懈努力。

第三部分：政策文件

乡村振兴战略规划（2018—2022 年）

（节录）

第七篇　繁荣发展乡村文化

第二十三章　弘扬中华优秀传统文化

第三节　发展乡村特色文化产业

……推动文化、旅游与其他产业深度融合、创新发展。

国家"十三五"时期文化发展改革规划纲要

（节录）

七、完善现代文化市场体系和现代文化产业体系

（二）推进文化市场建设

……发展文化旅游，扩大休闲娱乐消费。……

八、传承弘扬中华优秀传统文化

（五）保护和发展传统工艺

专栏 19　中华文化传承工程

……

中华优秀传统文化教育基地建设：发挥历史文化名城、名镇、名街、名村、名人故居以及名战场等的作用，推动主题特色公园建设，推出专题游览路线，形成若干教育基地。

……

关于促进全域旅游发展的指导意见

（节录）

二、推进融合发展，创新产品供给

（七）推动旅游与科技、教育、文化、卫生、体育融合发展

充分利用科技工程、科普场馆、科研设施等发展科技旅游。以弘扬社会主义核心价值观为主线发展红色旅游，积极开发爱国主义和革命传统教育、国情教育等研学旅游产品。科学利用传统村落、文物遗迹及博物馆、纪念馆、美术馆、艺术馆、世界文化遗产、非物质文化遗产展示馆等文化场所开展文化、文物旅游，推动剧场、演艺、游乐、动漫等产业与旅游业融合开展文化体验旅游。……

（八）提升旅游产品品质

深入挖掘历史文化、地域特色文化、民族民俗文化、传统农耕文化等，实施中国传统工艺振兴计划，提升传统工艺产品品质和旅游产品文化含量。……

中国传统工艺振兴计划

（节录）

三、主要任务

（五）提高传统工艺产品的设计、制作水平和整体品质

……依托乡村旅游创客示范基地和返乡下乡人员创业创新培训园区（基地），推动传统工艺品的生产、设计等和发展乡村旅游有机结合。……

（六）拓宽传统工艺产品的推介、展示、销售渠道

鼓励在传统工艺集中的历史文化街区和村镇、自然和人文景区、传统工艺项目集中地，设立传统工艺产品的展示展销场所，集中展示、宣传和推介具有民族或地域特色的传统工艺产品，推动传统工艺与旅游市场的结合。在非物质文化遗产、旅游等相关节会上设立传统工艺专区。……

四、保障措施

（二）落实支持政策

……将传统工艺展示、传习基础设施建设纳入"十三五"时期文化旅游提升工程。……

"十三五"旅游业发展规划

（节录）

第一章 把握机遇 迎接大众旅游新时代

第三节 "十三五"旅游业发展趋势

……

发展全域化。以抓点为特征的景点旅游发展模式向区域资源整合、产业融合、共建共享的全域旅游发展模式加速转变，旅游业与农业、林业、水利、工业、科技、文化、体育、健康医疗等产业深度融合。

……

第二章 转型升级 明确旅游业发展新要求

专栏3 红色旅游发展工程

（一）完善全国红色旅游经典景区体系。

深挖红色内涵，完善道路交通和服务设施条件，提升服务水平。选择红色资源丰富、基础设施完善、展陈效果较好、教育功能突出、有一定品牌知名度的景区给予重点支持。整合周边自然生态、传统文化、特色乡村等旅游资源，打造推出一批复合型旅游产品，形成覆盖更加全面、内涵更加丰富、特色更加鲜明的景区体系。

第三节　业态创新　拓展发展新领域

四、旅游＋现代服务业

促进旅游与文化融合发展。培育以文物保护单位、博物馆、非物质文化遗产保护利用设施和实践活动为支撑的体验旅游、研学旅行和传统村落休闲旅游。扶持旅游与文化创意产品开发、数字文化产业相融合。发展文化演艺旅游，推动旅游实景演出发展，打造传统节庆旅游品牌。推动"多彩民族"文化旅游示范区建设，集中打造一批民族特色村镇。（文化部、国家民委、国家旅游局、国家文物局）

……

关于推动文化文物单位文化创意产品开发的
若干意见

（节录）

二、主要任务

（七）促进文化创意产品开发的跨界融合

支持文化资源与创意设计、旅游等相关产业跨界融合，提升文化旅游产品和服务的设计水平，开发具有地域特色、民族风情、文化品位的旅游商品和纪念品。⋯⋯

国务院关于促进旅游业改革发展的若干意见

（国发〔2014〕31号）
（节录）

一、树立科学旅游观

（二）加快转变发展方式

……更加注重文化传承创新，实现可持续发展……

三、拓展旅游发展空间

（七）大力发展乡村旅游

依托当地区位条件、资源特色和市场需求，挖掘文化内涵，发挥生态优势，突出乡村特点，开发一批形式多样、特色鲜明的乡村旅游产品。推动乡村旅游与新型城镇化有机结合，合理利用民族村寨、古村古镇，发展有历史记忆、地域特色、民族特点的旅游小镇，建设一批特色景观旅游名镇名村。……加强乡村旅游从业人员培训，鼓励旅游专业毕业生、专业志愿者、艺术和科技工作者驻村帮扶，为乡村旅游发展提供智力支持。

（八）创新文化旅游产品

鼓励专业艺术院团与重点旅游目的地合作，打造特色鲜明、艺术水准高的专场剧目。大力发展红色旅游，加强革命传统教育，大力弘扬以爱国主义为核心的民族精神和以改革创新为核心的时代精神，积极培育和践行社会主义核心价值观。规范整合会展活动，发挥具有地方和民族特色的传统节庆品牌效应，组织开展群众参与性强的文化旅游活动。杜绝低水平的人造景观建设，规范发展主题公园。支持传统戏剧的排练演出场所、传统手工艺的传习场所和传统民俗活动场所建设。……

（十一）扩大旅游购物消费

实施中国旅游商品品牌建设工程，重视旅游纪念品创意设计，提升文化内涵和附加值，加强知识产权保护，培育体现地方特色的旅游商品品牌。……

五、完善旅游发展政策

（十七）加强旅游基础设施建设

……集中力量开发建设一批新的自然生态环境良好、文化科普教育功能完善、在国内外具有较强吸引力的精品景区和特色旅游目的地。……

国务院关于推进文化创意和设计服务与相关产业融合发展的若干意见

（国发〔2014〕10号）

（节录）

二、重点任务

（四）提升旅游发展文化内涵

坚持健康、文明、安全、环保的旅游休闲理念，以文化提升旅游的内涵质量，以旅游扩大文化的传播消费。支持开发康体、养生、运动、娱乐、体验等多样化、综合性旅游休闲产品，建设一批休闲街区、特色村镇、旅游度假区，打造便捷、舒适、健康的休闲空间，提升旅游产品开发和旅游服务设计的人性化、科学化水平，满足广大群众个性化旅游需求。加强自然、文化遗产地和非物质文化遗产的保护利用，大力发展红色旅游和特色文化旅游，推进文化资源向旅游产品转化，建设文化旅游精品。加快智慧旅游发展，促进旅游与互联网融合创新，支持开发具有地域特色和民族风情的旅游演艺精品和旅游商品，鼓励发展积极健康的特色旅游餐饮和主题酒店。

（五）挖掘特色农业发展潜力

提高农业领域的创意和设计水平，推进农业与文化、科技、生态、旅游的融合。强化休闲农业与乡村旅游经营场所的创意和设计，建设集农耕体验、田园观光、教育展示、文化传承于一体的休闲农业园。……

国民旅游休闲纲要（2013—2020 年）

（节录）

二、主要任务的措施

（四）改善国民旅游休闲环境

稳步推进公共博物馆、纪念馆和爱国主义教育示范基地免费开放。……

（六）加强国民旅游休闲产品开发与活动组织

鼓励开展城市周边乡村度假，积极发展自行车旅游、自驾车旅游、体育健身旅游、医疗养生旅游、温泉冰雪旅游、邮轮游艇旅游等旅游休闲产品，弘扬优秀传统文化。大力发展红色旅游，提高红色旅游经典景区和精品线路的吸引力和影响力。开发适合老年人、妇女、儿童、残疾人等不同人群需要的旅游休闲产品，开发农村居民喜闻乐见的都市休闲、城市观光、文化演艺、科普教育等旅游休闲项目，开发旅游演艺、康体健身、休闲购物等旅游休闲消费产品，满足广大群众个性化旅游需求。……

文化和旅游规划管理办法

第一章　总则

第一条　为推进文化和旅游规划工作科学化、规范化、制度化，充分发挥规划在文化和旅游发展中的重要作用，依据《中共中央　国务院关于统一规划体系更好发挥国家发展规划战略导向作用的意见》《国家级专项规划管理暂行办法》，结合文化和旅游工作实际，制定本办法。

第二条　本办法所称文化和旅游规划，是指文化和旅游行政部门编制的中长期规划，主要包括：文化和旅游部相关司局或单位编制的以文化和旅游部名义发布的总体规划、专项规划、区域规划，地方文化和旅游行政部门编制的地方文化和旅游发展规划。

总体规划是指导全国文化和旅游工作的中长期发展规划，是其他各类规划的重要依据，规划期与国家发展规划相一致，落实国家发展规划提出的战略安排；专项规划是以文化和旅游发展的特定领域为对象编制的规划；区域规划是以特定区域的文化和旅游发展为对象编制的规划；地方文化和旅游发展规划是指导本地区文化和旅游工作的中长期发展规划；总体规划、专项规划、区域规划以及地方文化和旅游发展规划构成统一的规划体系，专项规划、区域规划、地方文化和旅游发展规划须依据总体规划编制。

第三条　规划编制要坚持以下原则：

（一）围绕中心，服务大局，以习近平新时代中国特色社会主义思想为指导，体现关于文化和旅游发展的总体要求；

（二）突出功能，找准定位，明确政府职责的边界和范围；

（三）实事求是，改革创新，适应时代要求和符合发展规律；

（四）远近结合，务实管用，突出约束力、可操作，使规划可检查、易评估。

第四条　规划文本一般包括指导思想、基本原则、发展目标、重点任务、工程项目、保障措施等以及法律法规规定的其他内容。具体要求如下：

（一）符合国家发展规划；

（二）发展目标尽可能量化；

（三）发展任务具体明确、重点突出；

（四）工程项目和政策举措具有必要性、可行性；

（五）对需要国家安排投资的规划，应事先征求发展改革、财政等相关部门意见。

第五条　文化和旅游部规划工作由政策法规司归口管理。政策法规司负责组织编制和实施总体规划，统筹协调专项规划、区域规划的编制和实施工作。文化和旅游部各司局和单位根据职责分工，配合政策法规司做好总体规划的编制和实施工作，依据相关法律法规组织开展本业务领域的专项规划、区域规划的编制和实施工作。

第六条　地方文化和旅游行政部门依据相关法律法规的规定或本地人民政府赋予的职责和要求，开展规划编制和实施工作。文化和旅游部应加强对地方文化和旅游行政部门规划工作的指导。

第二章　立项和编制

第七条　规划编制单位应对规划立项的必要性进行充分论证。属日常工作或任务实施期限少于 3 年的，原则上不编制规划。

第八条　规划编制单位应制定相应工作方案，对规划期、论证情况、编制方式、进度安排、人员保障、经费需求等进行必要说明。

第九条　规划编制单位应深化重大问题研究论证，深入研究前瞻性、关键性、深层次重大问题，充分考虑要素支撑条件、资源环境约束和重大风险防范。

第十条　文化和旅游部规划立项须报经部长和分管部领导批准。文化和旅游部建立五年规划编制目录清单管理制度，政策法规司会同各司局研究规划编制需求后制定五年规划编制目录清单，报部批准后实施。未列入目录清单的规划，如因工作需要确需编制的，立项须报部长和分管部领导批准，报批时应会签政策法规司。

第十一条 拟报请国务院批准的国家级专项规划，由文化和旅游部政策法规司会同相关司局，与国家发展改革部门进行立项衔接。

第十二条 规划立项后，规划编制单位要认真做好基础调查、资料搜集、课题研究等前期工作，科学测算目标指标，对需要纳入规划的工程和项目进行充分论证。坚持开门编制规划，提高规划编制的透明度和社会参与度。

第十三条 编制规划应当符合国家相关标准和技术规范要求，保证规划的科学性、规范性和可操作性。

第三章　衔接和论证

第十四条 各级文化和旅游行政部门应当建立健全规划衔接协调机制。总体规划要与国家发展规划进行统筹衔接，落实国家发展规划的要求。地方文化和旅游发展规划要与上级文化和旅游发展规划、本地区经济社会发展规划相衔接。专项规划、区域规划、地方文化和旅游发展规划的目标、任务、布局等要与总体规划保持一致，各类规划的重要目标指标及工程、项目、政策要相互衔接。

第十五条 文化和旅游规划应当与土地利用总体规划、城乡规划、环境保护规划以及其他相关规划相衔接。

第十六条 以文化和旅游部名义发布的规划应充分征求相关单位意见。总体规划草案由政策法规司征求各司局和单位意见。各业务领域的专项规划和区域规划草案应征求政策法规司意见。涉及其他司局和单位职能的，规划编制单位应将规划草案征求相关司局和单位意见，相关司局和单位应及时反馈意见。

第十七条 规划编制单位应当采取多种形式广泛听取基层群众、基层文化和旅游单位、相关部门、专家学者的意见，必要时公开征询社会公众意见。

第十八条 规划编制单位应在规划报批前，委托研究机构或组织专家组对规划进行论证，形成论证报告。参与论证的机构和专家，应严格遵守相关保密规定。

第四章　报批和发布

第十九条　文化和旅游行政部门应严格履行规划报批程序。以文化和旅游部名义发布的规划原则上须经部党组会议审定，规划报批前应充分征求文化和旅游部各相关司局和单位意见并达成一致，各业务领域的专项规划和区域规划报批时须会签政策法规司。

第二十条　需报国务院审批的国家级专项规划，经文化和旅游部党组会议审定后，由规划编制单位送国家发展改革部门会签后上报。

第二十一条　规划报批时，除规划文本外还应附下列材料：

（一）编制说明，包括编制依据、编制程序、未采纳相关意见的理由等；

（二）论证报告；

（三）法律法规规定需要报送的其他相关材料。

第二十二条　除法律法规另有规定以及涉及国家秘密的内容外，各类规划应在批准后一个月内向社会公开发布相关内容。

第二十三条　文化和旅游部建立规划信息库。省级文化和旅游行政部门应在省级文化和旅游发展规划印发一个月内，将规划纸质文件和电子文档报送文化和旅游部备案。文化和旅游部各司局和单位在专项规划、区域规划印发后，应及时将规划纸质文件和电子文档送政策法规司入库。

第五章　实施和责任

第二十四条　文化和旅游行政部门要健全规划实施机制，加强规划实施评估，提升规划实施效能。

第二十五条　按照谁牵头编制谁组织实施的基本原则，规划编制单位应及时对规划确定的任务进行分解，制定任务分工方案，落实规划实施责任。

第二十六条　规划编制单位应制定年度执行计划，组织开展规划实施年度监测分析，强化监测评估结果应用。文化和旅游行政部门在制定政策、安排项目时，要优先对规划确定的发展重点予以支持。

第二十七条　上级文化和旅游行政部门应加强对下级文化和旅游行政部门规

划实施工作的指导和监督。

第二十八条 规划编制单位应组织开展规划实施中期评估和总结评估，积极引入第三方评估。

第二十九条 规划经评估或因其他原因确需要修订的，规划编制单位应按照新形势新要求调整完善规划内容，将修订后的规划履行原编制审批程序。

第三十条 文化和旅游行政部门要把规划工作列入重要日程，纳入领导班子、领导干部考核评价体系，切实加强组织领导、监督检查和队伍建设。

第三十一条 规划工作所需经费应在本单位预算中予以保障。

第六章　附则

第三十二条 本办法由文化和旅游部政策法规司负责解释。

第三十三条 本办法自 2019 年 6 月 1 日起施行。

文化和旅游部关于促进旅游演艺发展的指导意见

（文旅政法发〔2019〕29号）

为着力推进旅游演艺转型升级、提质增效，充分发挥旅游演艺作为文化和旅游融合发展重要载体的作用，现提出如下意见。

一、总体要求

（一）指导思想

以习近平新时代中国特色社会主义思想为指导，全面贯彻党的十九大和十九届二中、三中全会精神，坚持以社会主义核心价值观为引领，坚持以人民为中心的工作导向，坚定文化自信，遵循社会主义市场经济发展规律，遵循文化产品生产传播规律，不断推出优质旅游演艺作品，为满足人民群众日益增长的美好生活需要做出积极贡献。

（二）基本原则

——坚持正确方向。始终把社会效益放在首位，努力实现社会效益与经济效益相统一。推动中华优秀传统文化创造性转化、创新性发展，推出更多游客和群众满意的精品佳作。严格落实意识形态工作责任制，切实维护国家文化安全、意识形态安全。

——坚持统筹协调。更好发挥政府在规划引导、市场监管、公共服务、内容把关等方面的职能，营造公平有序的发展环境。进一步发挥市场在文化资源配置中的积极作用，强化各类旅游演艺经营主体地位，充分调动社会各方面积极性，形成推动发展的合力。

——坚持内涵发展。加大文化内涵挖掘力度，提高艺术水准和创作质量。坚持因地制宜，促进多样化、差异化发展，注重突出特色。坚持保护优先，防止破坏环境。

——坚持增强群众文化获得感。把广大游客和群众满不满意作为评判旅游演艺质量和效益的重要标准。坚持共建共享、惠民利民，开展各种形式的旅游演艺服务，提高群众参与度，提升国民素质和社会文明程度。

（三）主要目标

到 2025 年，旅游演艺市场繁荣有序，发展布局更为优化，涌现一批有示范价值的旅游演艺品牌，形成一批运营规范、信誉度高、竞争力强的经营主体。旅游演艺产业链更加完善，管理服务体系基本健全，在推动文化和旅游融合发展中的重要作用充分彰显，对相关产业行业的综合带动作用持续发挥。

二、主要任务

（四）提升创作生产水平

牢固树立精品意识，更加突出创作生产质量，努力推出更多思想精深、艺术精湛、制作精良的旅游演艺作品。加强对文化遗产保护传承等相关题材创作的扶持，引导旅游演艺经营主体充分挖掘中华优秀传统文化中的核心思想理念、中华传统美德、中华人文精神，运用丰富多彩的艺术形式进行当代表达，推出一批底蕴深厚、特色鲜明、涵育人心的优秀作品。加强对革命文化和社会主义先进文化内涵的研究阐释，鼓励旅游演艺经营主体创作一批传播弘扬革命文化和社会主义先进文化的演艺作品。支持旅游演艺经营主体做好选题策划，夯实剧本创作等基础环节，推动各种艺术要素和技术要素高度融合，不断提高演出质量。开展积极健康的旅游演艺评论，为创作生产营造良好环境。

（五）推进业态模式创新

鼓励发展中小型、主题性、特色类、定制类旅游演艺项目，形成多层次、多元化供给体系。支持各类经营主体利用室外广场、商业综合体、老厂房、产业园区等拓展中小型旅游演艺空间。鼓励旅游演艺经营主体与旅行社、旅游公司等合作制作大中型驻场综艺演出，开发设计主题鲜明的旅游线路。推动建设体现新科技的剧场及舞台，支持数字艺术、交互体验、观演互动、智能演艺、舞台灯光音响机械技术等领域的研发创新和装备提升。鼓励开发设计与品牌旅游演艺密切相关的服务、道具、工艺品等衍生产品。支持条件成熟的旅游演艺项目向艺术教育、文创设计、展览展示、餐饮住宿、休闲娱乐等综合配套业态转型，因地制宜建设一批旅游演艺小镇、旅游演艺集聚区等。宣传推广一批具有积极示范意义和社会效应的旅游演艺项目、作品。

（六）壮大演艺经营主体

推动旅游演艺经营主体与相关企业在创意策划、市场营销、品牌打造、衍生品开发等方面开展合作，打造跨界融合的产业集团。鼓励成熟的旅游演艺经营主体通过股权融资、并购重组、品牌连锁等方式整合相关旅游演艺项目。鼓励各地通过政府购买服务等方式，扶持一批有地方特色、有市场前景的中小型经营主体。支持各类文艺院团、演出制作机构与演出中介机构、演出场所等以多种形式参与旅游演艺项目。编制全国旅游演艺精品名录，科学合理设置定量与定性相结合的评价指标，探索建立旅游演艺节目分类评价体系。推动和规范有关机构发布全国旅游演艺品牌排行榜。鼓励旅游演艺经营主体开发具有自主知识产权的产品，努力形成拥有自主知识产权的核心技术和知名品牌。依法惩处侵犯知识产权的行为，维护旅游演艺经营主体合法权益。

（七）积极开展惠民服务

引导旅游演艺经营主体结合中国旅游日、文化和自然遗产日、博物馆日等时间节点与重要节庆开展惠民活动。积极推动精品演艺项目网上传播。鼓励各地采购民营经营主体制作的优秀剧目，纳入有关艺术节、市民文化节、公共文化服务产品采购会、公共文化配送菜单等。支持革命老区、边疆地区、民族地区特别是深度贫困地区结合脱贫攻坚目标，因地制宜打造具有地域特色的旅游演艺节目，吸收当地群众参与经营服务。积极开发红色旅游演艺项目。开展旅游演艺项目社会效益评估试点。鼓励国家全域旅游示范区创建单位率先打造优质旅游演艺项目。

（八）深化跨国跨境合作

推动与周边国家和地区率先开展旅游演艺交流合作，组织开展跨境节庆共办、品牌共建、文化援助等活动，优先推动国家边境旅游试验区和边境全域旅游示范区创建单位打造跨境旅游演艺节目。将列入全国旅游演艺精品名录的项目纳入对外及对港澳台文化和旅游交流与合作重点项目，在组织开展相关活动时予以优先考虑。为有实力、信誉好、坚持主业的旅游演艺经营主体在境外依法依规开展合作、建设国际营销网络提供便利。支持通过标准推广、版权交易、联合制作、品牌与管理技术服务等方式，加强与"一带一路"沿线国家的交流与合作。鼓励旅游演艺经营主体加强与境外知名演出团队的合作，允许依法引进境外资本投资国内旅游演艺市场。鼓励优秀旅游演艺经营主体和优质项目积极申报《国家文化出口重点企业目录》和《国家文化出口重点项目目录》。

（九）强化节目内容审核

严格落实意识形态责任制有关要求，建立健全对旅游演艺节目内容意识形态审核的工作机制，严把重大革命和历史题材、民族和宗教题材等方面的内容审核关。严格演出市场准入，旅游演艺经营主体应按照《营业性演出管理条例》及其实施细则的规定，取得《营业性演出许可证》或《演出场所经营单位备案证明》。旅游演艺经营主体在举办旅游演艺活动或变更活动内容前，可就演艺节目内容等向文化和旅游行政部门申请行政咨询，文化和旅游行政部门应当提供行政指导。各级文化和旅游行政部门要按照属地管理原则切实履行管理责任，加强对辖区内旅游演艺活动的监管和节目内容审核，督促指导辖区内旅游演艺经营单位建立和完善节目内容自审制度，切实履行主体责任。

（十）加大市场监管力度

加快信用体系建设，加大信用监管力度，严格实施文化和旅游领域"黑名单"制度和严重失信主体退出机制、联合惩戒机制。健全经纪机构、经纪人管理机制，加强对从业人员的教育监督。及时关注社会关注度高、票务供需紧张的旅游演出，依法查处捂票囤票倒票、炒作票价、虚假宣传等问题。对热点区域新建、扩建大型旅游演艺项目加强风险提示。在文物保护单位保护范围和建设控制地带、世界文化遗产区和缓冲区选址建设的旅游演艺项目，要依法履行报批程序。坚决抵制低俗、庸俗、媚俗作品，依法查处存在意识形态问题和触碰文化安全底线的旅游演艺作品。加大对旅游演艺节目内容重大违规和屡改屡犯问题的查处力度。

（十一）牢牢守住安全底线

按照"谁主办、谁负责"的原则，落实旅游演艺安全生产的经营主体责任和政府部门监管责任，健全各项安全管理制度，建立突发事件应对机制，组织定期实地检查。旅游演艺经营主体应严格落实安全生产管理法律法规，制定演职人员和消费者安全保护措施及集会安全、消防应急等预案，定期组织员工进行安全操作技能培训和消防、应急疏散演练，演出时应配合有关部门做好观众核准数量的控制与秩序维护，及时为旅游演艺项目购买相应保险产品。旅游演艺项目投入使用前应经过演艺设施设备专业检验检测并定期开展维修保养。对受季节、气候、节假日等因素影响导致的特殊情况，要及时做好演出场次增减、停演的合理规划并提前公示。在文物博物馆单位内或周边范围举办旅游演艺活动的，应贯彻文物、公安、消防应急等方面的要求，提前落实防火、防盗、防破坏和应急处置等措施，加强巡查和人员值守，确保文物安全。

三、加强实施和保障

（十二）加强组织领导

各省（区、市）（包括新疆生产建设兵团，下同）文化和旅游行政部门要把发展旅游演艺作为推进文化和旅游融合发展的重要工作内容，推动纳入当地经济社会发展总体规划及考核评价体系，落实用好科技、金融、财税、土地、人才等促进旅游演艺发展的相关政策，协调解决发展中的各种困难问题。各省（区、市）可结合实际，研究制订本地促进旅游演艺发展的具体政策措施。

（十三）优化政策环境

支持在旅游演艺领域推广政府和社会资本合作（PPP）模式。积极引导私募股权投资基金及各类投资机构投资旅游演艺项目。鼓励金融机构开展旅游演艺产品版权质押融资业务，探索开展旅游演艺项目收益权质押融资业务。鼓励保险机构开展针对旅游演艺项目的保险业务。符合高新技术企业认定条件的旅游演艺企业经认定后可依法享受税收优惠，企业发生的符合条件的创意和设计费用依法适用税前加计扣除政策。鼓励通过开展城乡建设用地增减挂钩和工矿废弃地复垦利用，为旅游演艺项目提供用地保障。在不改变用地主体、规划条件的前提下，市场主体利用旧厂房、仓库提供旅游演艺服务的，可执行在五年内继续按原用途和土地权利类型使用土地的过渡期政策。落实《国家发展改革委等5部门关于规范主题公园建设发展的指导意见》要求，防止以发展旅游演艺为名盲目建设主题公园。

（十四）强化基础保障

充分依托各级各类国有及民营文艺院团、文化和旅游培训基地等，结合实施国家艺术基金艺术人才培养资助项目、专业艺术人才培训等人才项目，培养一批适应旅游演艺发展需要的创作、表演、舞美设计、运营管理、市场营销等方面的专业人才。支持艺术院校特别是职业院校与旅游演艺经营主体开展深度校企合作。推动各类企业联合体等合作机制建设。加强旅游演艺统计工作，做好统计数据的分析、发布和运用。加快推进旅游演艺安全、服务和管理等方面标准的制修订工作。

文化和旅游部对本意见贯彻落实情况进行跟踪分析和评估监督。各省（区、市）文化和旅游行政部门要及时评估意见落实情况，总结经验，研究解决存在的问题，确保意见精神落到实处。

关于促进乡村旅游可持续发展的指导意见

乡村旅游是旅游业的重要组成部分，是实施乡村振兴战略的重要力量，在加快推进农业农村现代化、城乡融合发展、贫困地区脱贫攻坚等方面发挥着重要作用。为深入贯彻落实《中共中央　国务院关于实施乡村振兴战略的意见》（中发〔2018〕1号）和《乡村振兴战略规划（2018—2022年）》，推动乡村旅游提质增效，促进乡村旅游可持续发展，加快形成农业农村发展新动能，现提出以下意见：

一、总体要求

（一）指导思想

全面贯彻党的十九大和十九届二中、三中全会精神，以习近平新时代中国特色社会主义思想为指导，牢固树立新发展理念，落实高质量发展要求，紧紧围绕统筹推进"五位一体"总体布局和协调推进"四个全面"战略布局，按照产业兴旺、生态宜居、乡风文明、治理有效、生活富裕的总要求，从农村实际和旅游市场需求出发，强化规划引领，完善乡村基础设施建设，优化乡村旅游环境，丰富乡村旅游产品，促进乡村旅游向市场化、产业化方向发展，全面提升乡村旅游的发展质量和综合效益，为实现我国乡村全面振兴做出重要贡献。

（二）基本原则

——生态优先，绿色发展。践行绿水青山就是金山银山的理念，注重开发与保护并举，统筹考虑资源环境承载能力和发展潜力，加强对乡村生态环境和乡村特色风貌的保护，强化有序开发、合理布局，避免急功近利、盲目发展。

——因地制宜，特色发展。根据区域特点和资源禀赋，以市场为导向，因地制宜，科学规划，积极开发特色化、差异化、多样化的乡村旅游产品，防止大拆大建、千村一面和城市化翻版、简单化复制，避免低水平同质化竞争。

——以农为本，多元发展。坚持以农民为受益主体，以农业农村为基本依托，尊重农民意愿，注重农民的全过程参与，调动农民积极性与创造性，加大政府的支持和引导力度，吸引更多的社会资本和经营主体投入乡村旅游的发展，释放乡村旅游发展活力。

——丰富内涵，品质发展。挖掘乡村传统文化和乡俗风情，加强乡村文物保护利用和文化遗产保护传承，吸收现代文明优秀成果，在保护传承基础上创造性转化、创新性发展，提升农村农民精神面貌，丰富乡村旅游的人文内涵，推动乡村旅游精品化、品牌化发展。

——共建共享，融合发展。整合资源，部门联动，统筹推进，加快乡村旅游与农业、教育、科技、体育、健康、养老、文化创意、文物保护等领域深度融合，培育乡村旅游新产品新业态新模式，推进农村一二三产业融合发展，实现农业增效、农民增收、农村增美。

（三）主要目标

到 2022 年，旅游基础设施和公共服务设施进一步完善，乡村旅游服务质量和水平全面提升，富农惠农作用更加凸显，基本形成布局合理、类型多样、功能完善、特色突出的乡村旅游发展格局。

二、加强规划引领，优化区域布局

（四）优化乡村旅游区域整体布局

推动旅游产品和市场相对成熟的区域、交通干线和 A 级景区周边的地区深化开展乡村旅游，支持具备条件的地区打造乡村旅游目的地，促进乡村旅游规模化、集群化发展。鼓励东部地区围绕服务中心城市，重点推进环都市乡村旅游度假带建设，提升乡村旅游产品品质，推动乡村旅游目的地建设；鼓励中西部地区围绕脱贫攻坚，重点推动乡村旅游与新型城镇化有机结合，合理利用古村古镇、民族村寨、文化村镇，打造"三区三州"深度贫困地区旅游大环线，培育一批乡村旅游精品线路；鼓励东北地区依托农业、林业、避暑、冰雪等优势，重点推进避暑旅游、冰雪旅游、森林旅游、康养旅游、民俗旅游等，探索开展乡村旅游边境跨境交流，打造乡村旅游新高地。（文化和旅游部、发展改革委、农业农村部、自然资源部、体育总局、林草局按职责分工负责）

（五）促进乡村旅游区域协同发展

加强东、中西部旅游协作，促进旅游者和市场要素流动，形成互为客源、互为市场、互动发展的良好局面。加强乡村旅游产品与城市居民休闲需求的对接，统筹城乡基础设施和公共服务，加大城市人才、智力资源对乡村旅游的支持，促进城乡间人员往来、信息沟通、资本流动，加快城乡一体化发展进程。注重旅游资源开发的整体性，鼓励相邻地区打破行政壁垒，统筹规划，协同发展。依托风景名胜区、历史文化名城名镇名村、特色景观旅游名镇、传统村落，探索名胜名城名镇名村"四名一体"全域旅游发展模式。（文化和旅游部、发展改革委、农业农村部、自然资源部、住房城乡建设部、人力资源社会保障部按职责分工负责）

（六）制定乡村旅游发展规划

各地区要将乡村旅游发展作为重要内容纳入经济社会发展规划、国土空间规划以及基础设施建设、生态环境保护等专项规划，在规划中充分体现乡村旅游的发展要求。支持有条件的地区组织开展乡村旅游资源普查和发展状况调查，编制乡村旅游发展规划，鼓励突破行政区域限制，跨区域整合旅游资源，制定区域性乡村旅游发展规划。乡村旅游发展规划要符合当地实际，强化乡土风情、乡居风貌和文化传承，尊重村民发展意愿，落实国土空间规划有关要求，注重规划衔接与落地实施。严格保护耕地，落实永久基本农田控制线并实行特殊保护。独立编制的乡村旅游发展规划应符合镇规划、乡规划和村庄规划的有关要求。（文化和旅游部、发展改革委、生态环境部、自然资源部、住房城乡建设部、农业农村部、文物局按职责分工负责）

三、完善基础设施，提升公共服务

（七）提升乡村旅游基础设施

结合美丽乡村建设、新型城镇化建设、移民搬迁等工作，实施乡村绿化、美化、亮化工程，提升乡村景观，改善乡村旅游环境。加快交通干道、重点旅游景区到乡村旅游地的道路交通建设，提升乡村旅游的可进入性。鼓励有条件的旅游城市与游客相对聚集乡村旅游区间开通乡村旅游公交专线、乡村旅游直通车，方便城市居民和游客到乡村旅游消费。完善农村公路网络布局，加快乡镇、建制村硬化路"畅返不畅"整治，提高农村公路等级标准，鼓励因地制宜发展旅游步道、登山步道、自行车道等慢行系统。引导自驾车房车营地、交通驿站建设向特色村镇、风景廊道等重要节点延伸布点，定期发布乡村旅游自驾游精品线路产品。加强乡村旅游供水供电、垃圾污水处理以及停车、环卫、通讯等配套设施建设，提升乡村旅游发展保障能力。（文化和旅游部、发展改革委、农业农村部、交通运输部、财政部按职责分工负责）

（八）完善乡村旅游公共服务体系

实施"厕所革命"新三年计划，引进推广厕所先进技术。结合乡村实际因地制宜进行厕所建设、改造和设计，注重与周边和整体环境布局协调，尽量体现地域文化特色，配套设施始终坚持卫生实用，反对搞形式主义、奢华浪费。积极组织开展厕所革命公益宣传活动，深入开展游客、群众文明如厕教育。推动建立乡村旅游咨询服务体系，在有条件、游客数量较大的乡村旅游区建设游客咨询服务中心，进一步完善乡村旅游标识标牌建设，强化解说、信息咨询、安全救援等服务体系建设，完善餐饮住宿、休闲娱乐、户外运动、商品购物、文化展演、民俗体验等配套服务，促进乡村旅游便利化。加快推动乡村旅游信息平台建设，完善网上预订、支付、交流等功能，推动乡村旅游智慧化。（文化和旅游部、发展改革委、农业农村部、住房城乡建设部、自然资源部、财政部、工业和信息化部、卫生健康委按职责分工负责）

四、丰富文化内涵，提升产品品质

（九）突出乡村旅游文化特色

在保护的基础上，有效利用文物古迹、传统村落、民族村寨、传统建筑、农业遗迹、灌溉工程遗产、农业文化遗产、非物质文化遗产等，融入乡村旅游产品开发。促进文物资源与乡村旅游融合发展，支持在文物保护区域因地制宜适度发展服务业和休闲农业，推介文物领域研学旅行、体验旅游、休闲旅游项目和精品旅游线路，发挥文物资源对提高国民素质和社会文明程度、推动经济社会发展的重要作用。支持农村地区地域特色文化、民族民间文化、优秀农耕文化、传统手工艺、优秀戏曲曲艺等传承发展，创新表现形式，开发一批乡村文化旅游产品。依托乡村旅游创客基地，推动传统工艺品的生产、设计等和发展乡村旅游有机结合。鼓励乡村与专业艺术院团合作，打造特色鲜明、体现地方人文的文化旅游精品。大力发展乡村特色文化产业。支持在乡村地区开展红色旅游、研学旅游。（文化和旅游部、发展改革委、住房城乡建设部、生态环境部、农业农村部、文物局按职责分工负责）

（十）丰富乡村旅游产品类型

对接旅游者观光、休闲、度假、康养、科普、文化体验等多样化需求，促进传统乡村旅游产品升级，加快开发新型乡村旅游产品。结合现代农业发展，建设一批休闲农业精品园区、农业公园、农村产业融合发展示范园、田园综合体、农业庄园，探索发展休闲农业和乡村旅游新业态。结合乡村山地资源、森林资源、水域资源、地热冰雪资源等，发展森林观光、山地度假、水域休闲、冰雪娱乐、温泉养生等旅游产品。鼓励有条件地区，推进乡村旅游和中医药相结合，开发康养旅游产品。充分利用农村土地、闲置宅基地、闲置农房等资源，开发建设乡村民宿、养老等项目。依托当地自然和文化资源禀赋发展特色民宿，在文化传承和创意设计上实现提升，完善行业标准、提高服务水平、探索精准营销，避免盲目跟风和低端复制，引进多元投资主体，促进乡村民宿多样化、个性化、专业化发展。鼓励开发具有地方特色的服饰、手工艺品、农副土特产品、旅游纪念品等旅游商品。（文化和旅游部、发展改革委、农业农村部、生态环境部、自然资源部、体育总局、林草局按职责分工负责）

（十一）提高乡村旅游服务管理水平

制定完善乡村旅游各领域、各环节服务规范和标准，加强经营者、管理者、当地居民等技能培训，提升乡村旅游服务品质。提升当地居民旅游观念和服务意识，提升文明习惯、掌握经营管理技巧。鼓励先进文化、科技手段在乡村旅游产品体验和服务、管理中的运用，增加乡村旅游发展的知识含量。大力开展专业志愿者支援乡村行动，鼓励专业人士参与乡村景观设计、乡村旅游策划等活动。探索运用连锁式、托管式、共享式、会员制、分时制、职业经理制等现代经营管理

模式，提升乡村旅游的运营能力和管理水平。（文化和旅游部、农业农村部、人力资源社会保障部按职责分工负责）

五、创建旅游品牌，加大市场营销

（十二）培育构建乡村旅游品牌体系

树立乡村旅游品牌意识，提升品牌形象，增强乡村旅游品牌的影响力和竞争力。鼓励各地整合乡村旅游优质资源，推出一批特色鲜明、优势突出的乡村旅游品牌，构建全方位、多层次的乡村旅游品牌体系。建立全国乡村旅游重点村名录，开展乡村旅游精品工程，培育一批全国乡村旅游精品村、精品单位。鼓励具备条件的地区集群发展乡村旅游，积极打造有影响力的乡村旅游目的地。支持资源禀赋好、基础设施完善、公共服务体系健全的乡村旅游点申报创建 A 级景区、旅游度假区、特色小镇等品牌。（文化和旅游部、发展改革委、农业农村部、生态环境部按职责分工负责）

（十三）创新乡村旅游营销模式

发挥政府积极作用，鼓励社会力量参与乡村旅游宣传推广和中介服务，鼓励各地开展乡村旅游宣传活动，拓宽乡村旅游客源市场。依托电视、电台、报纸等传统媒体资源，利用旅游推介会、博览会、节事活动等平台，扩大乡村旅游宣传。充分利用新媒体自媒体，支持电商平台开设乡村旅游频道，开展在线宣传推广和产品销售等。（文化和旅游部、发展改革委、农业农村部按职责分工负责）

六、注重农民受益，助力脱贫攻坚

（十四）探索推广发展模式

支持旅行社利用客源优势，最大限度宣传推介旅游资源并组织游客前来旅游，并通过联合营销等方式共同开发市场的"旅行社带村"模式。积极推进景区辐射带动周边发展乡村旅游，形成乡村与景区共生共荣、共建共享的"景区带村"模式。大力支持懂经营、善管理的本地及返乡能人投资旅游，以吸纳就业、带动创业的方式带动农民增收致富的"能人带户"模式。不断壮大企业主导乡村旅游经营，吸纳当地村民参与经营或管理的"公司＋农户"模式。引导规范专业化服务与规模化经营相结合的"合作社 + 农户"模式。鼓励各地从实际出发，积极探索推广多方参与、机制完善、互利共赢的新模式新做法，建立定性定量分析的工作台账，总结推广旅游扶贫工作。（文化和旅游部、农业农村部、国务院扶贫办按职责分工负责）

（十五）完善利益联结机制

突出重点，做好深度贫困地区旅游扶贫工作。建立健全多元的利益联结机制，让农民更好分享旅游发展红利，提高农民参与性和获得感。探索资源变资产、资金变股金、农民变股东的途径，引导村集体和村民利用资金、技术、土地、林地、房屋以及农村集体资产等入股乡村旅游合作社、旅游企业等获得收益，鼓励企业实行保底分红。支持在贫困地区实施一批以乡村民宿改造提升为重点的旅游扶贫项目，引导贫困群众对闲置农房升级改造，指导各地在明晰产权的基础上，建立有效的带贫减贫机制，增加贫困群众收益。支持当地村民和回乡人员创业，参与乡村旅游经营和服务。鼓励乡村旅游企业优先吸纳当地村民就业。（文化和旅游部、农业农村部、自然资源部、林草局、国务院扶贫办按职责分工负责）

七、整合资金资源，强化要素保障

（十六）完善财政投入机制

加大对乡村旅游项目的资金支持力度。鼓励有条件、有需求的地方统筹利用现有资金渠道，积极支持提升村容村貌，改善乡村旅游重点村道路、停车场、厕所、垃圾污水处理等基础服务设施。按规定统筹的相关涉农资金可以用于培育发展休闲农业和乡村旅游。（财政部、发展改革委、农业农村部按职责分工负责）

（十七）加强用地保障

各地应将乡村旅游项目建设用地纳入国土空间规划和年度土地利用计划统筹安排。在符合生态环境保护要求和相关规划的前提下，鼓励各地按照相关规定，盘活农村闲置建设用地资源，开展城乡建设用地增减挂钩，优化建设用地结构和布局，促进休闲农业和乡村旅游发展，提高土地节约集约利用水平。鼓励通过流转等方式取得属于文物建筑的农民房屋及宅基地使用权，统一保护开发利用。在充分保障农民宅基地用益物权的前提下，探索农村集体经济组织以出租、入股、合作等方式盘活利用闲置宅基地和农房，按照规划要求和用地标准，改造建设乡村旅游接待和活动场所。支持历史遗留工矿废弃地再利用、荒滩等未利用土地开发乡村旅游。（自然资源部、住房城乡建设部、生态环境部、农业农村部、林草局按职责分工负责）

（十八）加强金融支持

鼓励金融机构为乡村旅游发展提供信贷支持，创新金融产品，降低贷款门槛，简化贷款手续，加大信贷投放力度，扶持乡村旅游龙头企业发展。依法合规推进农村承包土地的经营权、农民住房财产权抵押贷款业务，积极推进集体林权抵押贷款、旅游门票收益权质押贷款业务，扩大乡村旅游融资规模，鼓励乡村旅游经营户通过小额贷款、保证保险实现融资。鼓励保险业向乡村旅游延伸，探索支持乡村旅游的保险产品。（财政部、自然资源部、人民银行、银保监会按职责分工负责）

（十九）加强人才队伍建设

将乡村旅游纳入各级乡村振兴干部培训计划，加强对县、乡镇党政领导发展乡村旅游的专题培训。通过专题培训、送教上门、结对帮扶等方式，开展多层次、多渠道的乡村旅游培训。各级人社、农业农村、文化和旅游、扶贫等部门要将乡村旅游人才培育纳入培训计划，加大对乡村旅游的管理人员、服务人员的技能培训，培养结构合理、素质较高的乡村旅游从业人员队伍。开展乡村旅游创客行动，组织引导大学生、文化艺术人才、专业技术人员、青年创业团队等各类"创客"投身乡村旅游发展，促进人才向乡村流动，改善乡村旅游人才结构。（文化和旅游部、人力资源社会保障部、农业农村部、国务院扶贫办按职责分工负责）

各地各部门要把乡村旅游可持续、高质量发展作为实施乡村振兴战略的重要举措，统筹乡村旅游发展工作，结合实际出台落实意见或实施方案，明确部门工作职责，建立督导机制，形成推动乡村旅游发展的强大合力，推动各项任务贯彻落实。

"十三五"时期文化旅游提升工程实施方案

随着我国经济发展水平和城乡居民收入的不断提高，文化消费、旅游消费日益成为广大人民群众的日常需求，成为经济发展新的增长点。为深入贯彻落实习近平总书记关于文化、旅游的系列重要讲话精神，推动我国文化繁荣发展，旅游业提档升级，特制定"十三五"文化旅游提升工程实施方案，实施年限为 2016 年至 2020 年。

一、指导思想

全面贯彻党的十八大和十八届三中、四中、五中、六中全会精神，深入贯彻习近平总书记系列重要讲话精神和治国理政新理念新思想新战略，紧紧围绕统筹推进"五位一体"总体布局和协调推进"四个全面"战略布局，牢固树立创新、协调、绿色、开放、共享的发展理念，坚持以培育和践行社会主义核心价值观为根本，以提高文化旅游发展质量和效益为中心，把握好深化供给侧结构性改革这条主线，把握好市场与政府的关系，把握好中央和地方权责分工，聚焦改善民生和扩大有效需求，做好公共文化服务托底、补齐遗产保护利用短板、夯实旅游产业发展基础，切实保障广大人民群众的基本文化权益，促进珍贵遗产资源保护传承，充分发挥文化旅游在开展公民教育、促进地方经济结构转型升级，以及带动革命老区、民族地区、贫困地区经济社会发展等方面的积极作用。

二、基本原则

（一）问题导向、突出重点

紧紧围绕《国民经济和社会发展第十三个五年规划纲要》明确的重大工程项目，针对文化旅游发展面临的突出问题，优化投资结构，在公共文化领域重点保基本，着力解决广播电视覆盖、民文出版等突出问题；在遗产保护领域突出创新，在有效保护的基础上补齐合理利用这一短板；在旅游领域重点改善旅游公共服务设施条件，集中打造新景区，夯实旅游业发展基础。

（二）政府引导、多方参与

统筹政府与市场的作用，综合利用中央预算内投资、专项建设基金、企业债券等多种资金渠道，合理区分不同类型资金的支持重点，发挥政府投资的引导作用，中央预算内投资主要支持没有回报率或回报率极低的公益性、基础性设施建设。采取多种方式吸纳社会资本参与，推动建立有利于文化、旅游持续发展的长效机制。

（三）控制规模、讲求实效

建设内容和建设规模要实事求是，根据实际需要合理确定，中央预算内投资设置补助上限，引导地方科学控制建设规模；新建设施应与已有设施统筹考虑，突出设施功能，防止大拆大建，避免重复建设。设施建设要与当地资源环境相协调，符合相关规划要求，做到绿色环保、朴素实用。

（四）统筹规划，加强监管

打破条块分割，统筹规划"十三五"时期文化旅游提升发展的支持范围，明确工作原则、支持范围和补助投资；加强部门合作，创新合作机制，丰富合作内容，加强资金使用管理和项目实施情况的督导检查。进一步简政放权，提升管理服务水平，落实法定职责，强化监管和责任追究，确保项目建设取得实效。

三、总体目标

通过方案的实施，到 2020 年，在公共文化服务方面，承担转播中央广播电视节目任务的县级（含）以上广播电视无线发射台的基础设施建设得到改善，民族自治区、民族自治州的民文出版、印刷能力显著提升。在遗产保护利用方面，一大批具有较高价值的国家文化和自然遗产资源得到有效保护，利用渠道进一步拓宽，社会教育和公共文化服务功能进一步提升，保护成果更多惠及广大人民群众，实现国家文化和自然遗产的有效保护和永续利用。在旅游基础设施方面，重点旅游目的地的旅游基础设施和公共服务体系基本健全；自然生态环境良好、文化科普教育功能完善、在国内外具有较强吸引力的精品景区不断增加，全国红色旅游经典景区基础设施水平全面提升，爱国主义和革命传统教育功能不断增强；我国旅游产品和服务供给的总量及结构性矛盾得到缓解，旅游发展的质量和效益明显提升。

四、建设任务

（一）公共文化服务设施建设方面

针对当前广大农村地区、少数民族地区公共文化服务需求特点和公共文化服务体系薄弱环节，以完善新闻出版广播影视基本公共服务体系为中心，按照巩固成果、扩大范围、提高质量、改进服务的要求，加强广大农村和少数民族地区新闻出版广播影视基础设施建设，切实解决基层农村地区群众、少数民族群众听到看到、听懂看懂、听好看好新闻出版广播影视节目的问题。

1. 贫困地区县级广播电视播出机构制播能力建设。 为832个国家级扶贫开发工作重点县和集中连片特殊困难县的广播电视台购置采编播设备，强化制播能力，丰富和完善本地广播电视节目，提升基层文化宣传水平。

2. 广播电视无线发射台站基础设施二期建设。 配合全国地面数字电视覆盖升级，支持1700余座承担转播中央广播电视节目任务、直接覆盖农村地区的广播电视无线发射台完善基础设施，确保中央节目正常播出，覆盖到农村地区千家万户。

3. 少数民族新闻出版东风工程二期建设。 支持民族自治区、民族自治州和新疆生产建设兵团的少数民族文字党报党刊、图书、音像、电子等出版单位数字化转型升级，购置出版资源数字化加工、编辑、管理、投送设备；支持承担民文出版物印制任务的单位购置生产设备；支持民族地区为少数民族群众服务的、业务用房未达标的县级新华书店新建改扩建，并配备流动售（送）书车。

（二）国家文化和自然遗产保护利用设施建设方面

坚持"保护为主、抢救第一、合理利用、加强管理"的工作方针，立足继承和弘扬中华民族优秀传统文化，深入挖掘文化和自然遗产所蕴含的文化内涵和时代价值，完善保护性基础设施，整治核心区域环境，引导地方科学建设必要的宣传、展示等利用设施，重点解决现有遗产资源利用不足和不当利用并存问题，为促进我国优秀传统文化传承与发展、民族和地域文化特色延续、生物多样性和生态系统保护提供坚实保障。

1. 全国重点文物保护单位。 区分重点项目和一般项目，重点项目主要是指重要大遗址（含国家考古遗址公园挂牌单位和立项单位）和世界文化遗产，以及文物价值特别重大、具有较强代表性的古建筑和石窟寺石刻等，其他为一般项目。重点项目支持其保护利用设施建设，主要建设内容包括文物保护管理设施、文物保护围栏围墙、界碑界桩；文物风貌改善，重要历史遗存周边环境整治、重要节点空间或传统街巷沿街立面的整治、历史水系整治、绿化等；必要的展示利用设施，如标识系统、保护展示棚厅、文物库房、必要的展示用房、游客管理服务中心等；保护所需的基础设施，如给排水设施和管线建设及改造、电力设施建设及改造、供热及燃气设施和管道建设及改造、垃圾收集中转设施和公厕，防灾减灾设施等；基本接待设施，如生态停车场、必要外围连接路、内部参观步行道等。一般项目主要解决抢救性保护问题，主要建设内容包括文物保护管理设施，文物保护围栏围墙、界碑界桩，急需的防灾减灾设施、环卫设施，简易巡护步道，以及必要的给排水、电力等抢救性保护基础设施。

2. 历史文化名城和历史文化街区。 支持范围为国家历史文化名城、中国历史文化街区，把遗产与改善民生结合起来，保持真实性、完整性和当地生产生活的延续性。主要建设内容包括：基础设施建设或改造，如给排水设施和管线的建设及改造，电力设施建设及线路改造，供热及燃气设施和管道建设及改造，垃圾收集中转设施、公厕、消防设施等。环境整治，对街区出入口、标志性建筑周围、驳岸、水埠、戏台等公共空间进行必要的景观环境整治、历史水系整治、传统街区立面整治、街区的绿化等。在保持道路的历史格局和空间尺度基础上，采用传统的路面材料及铺砌方式进行整修。增设必要的生态停车设施等。公有历史建筑的修缮与利用，鼓励由政府组织对无人居住、产权公有的空置历史建筑进行必要的修缮和改造，用于当地的基层综合公共文化服务中心、游客服务中心等公共服务用途。

3. **国家级非物质文化遗产。**支持具备与旅游开发、生产经营、展示利用等进行有效结合的保护传承项目，探索非物质文化遗产活态保护的方式和途径。传统表演艺术类主要建设内容包括展演剧场、排练厅和相关辅助用房等。总规模不超过 3000 平方米，超出部分不纳入支持范围。传统手工技艺类主要建设内容包括生产传习用房、技艺展示厅和相关辅助用房等。总规模不超过 2000 平方米，超出部分不纳入支持范围。传统民俗活动类主要建设内容包括室外展演活动场地、小型室内展示空间、库房等。建筑总规模不超过 1000 平方米，超出部分不纳入支持范围。

4. **国家自然遗产地。**在本方案中，国家自然遗产地主要包括国家级风景名胜区、国家森林公园和国家地质公园，主要建设内容包括：保护监测设施。建设必要的游客流量监测调控和规划监管设施，如门票预约系统、景区入口门禁设施、重点景点和游线的视频监控设施、游客量实时监测与信息发布系统、应急救援与指挥调度系统、规划实施监测设施等。保护性基础设施。建设必要的环境整治与生态修复、垃圾和污水收集、环卫设施、综合防灾减灾和监测预警设施、小型管理用房等。道路交通设施。建设必要且富有特色的慢行游览道路设施，如游步道、木栈道、生态停车场，以及必要的风景名胜区外部连接道路（主要解决断头路和最后一公里问题，不支持长距离的景区外道路建设）等。原则上不支持新建风景名胜区内部车行道路建设。游览服务设施。建设必要的资源展示设施、游客解说教育设施（展示中心、标志标牌、科普教育等设施）、游览安全设施等。

5. **国家公园体制试点。**专项支持三江源、大熊猫、东北虎豹等 9 个国家公园体制试点。主要建设内容包括：生态系统和遗产资源保护设施。生态系统保护建设，如森林管护、封山育林、森林防火、病虫害防治、水土整治等，自然遗迹、地质遗迹现场保护设施，生物多样性保护，如野生动物救护设施等，相关文化遗产、社区民俗保护设施等。配套基础设施。必要的巡护道路，环境整治，垃圾污水处理，环卫设施，综合防灾减灾设施，小型管理用房等。保护监测设施。生态监测设施，包括地面站网、遥感监测、数据平台等设施，游客流量监测调控设施，应急救援设施等。科普教育和游览服务设施。陈列馆、科普馆等展示设施，室外科普展示、科普信息站、标识系统等，资源展示设施，游客解说教育设施等。其他符合国家公园体制试点方案要求的必要的保护利用设施。

（三）旅游基础设施和公共服务设施建设方面

1. 旅游公共服务保障设施建设。 支持中西部重点旅游目的地的旅游公共信息服务、公共交通服务、安全保障服务等公共服务设施建设，以及重点景区的道路等基础设施建设。主要建设内容包括：旅游咨询中心，区域性旅游应急救援基地，游客集散中心、集散分中心及集散点，旅游交通引导标识系统，旅游数据中心等。

2. 重点景区基础设施建设。 集中力量建设一批基础设施完善、吸引力强、服务质量好的新景区，重点支持建档立卡贫困村周边、具备一定条件、通过中央资金扶持能够迅速带动当地居民脱贫致富的景区建设，提高接待能力，增强综合带动作用。主要建设内容包括：景区到交通干线的连接路，景区内的道路、步行道、停车场、厕所、供水供电设施、垃圾污水处理设施、消防设施、安防监控设施、解说教育系统、应急救援设施、游客信息服务设施以及环境整治等。

3. 红色旅游基础设施建设。 重点打造一批全国红色旅游经典景区，着力改善基础设施条件，完善配套服务设施，加强区域资源整合和产业融合，使其更好地满足开展爱国主义、集体主义和社会主义教育的功能。主要建设内容：全国红色旅游经典景区到交通干线的连接路，景区内道路、步行道、停车场、厕所、供水供电设施、垃圾污水处理设施、消防设施、安防监控设施、展陈场馆、解说教育系统、游客信息服务设施以及环境整治等，国家级抗战纪念设施、遗址的必要维修保护。《第三批全国红色旅游经典景区建设方案》及项目库另行制定。

五、项目筛选标准

（一）公共文化服务设施建设项目

1. 贫困地区县级广播电视播出机构制播能力建设项目需同时符合以下条件： 国家级扶贫开发工作重点县和集中连片特殊困难县；经批准建立的广播电视台等播出机构；采编播设备老化，制播能力存在不足。

2. 广播电视无线发射台站基础设施建设项目需同时符合以下条件：享受中西部待遇地区的县级（含）以上电视、调频和中波发射台站；承担中央广播电视节目转播任务，直接服务农村地区；台站机房、道路、给排水、围墙等基础设施存在不足；"十二五"未安排中央投资进行支持。

3. 少数民族新闻出版东风工程项目需同时符合以下条件：①购置民文数字出版设备：少数民族自治区、少数民族自治州和新疆生产建设兵团的党报党刊、图书、音像、电子出版物等出版单位（含为自治州服务的省级出版单位）；使用少数民族语言文字出版；数字化加工、编辑、管理、投送等设施设备存在不足。②购置民文印刷设备：少数民族自治区、少数民族自治州和新疆生产建设兵团的印刷单位（含为自治州服务的省级印刷单位）；承担少数民族文字出版物印制主要任务；基本印刷设施设备存在不足。③改扩建县级新华书店：少数民族自治区和少数民族自治州的县；承担发行少数民族语言出版物的主要任务；县级新华书店业务用房面积根据户籍人口测算，未达到以下建设标准，服务人口 30 万人以上为 1500 平方米，服务人口 20 万—30 万人为 1200 平方米，服务人口 10 万—20 万人为 800 平方米，服务人口 2 万—10 万人为 600 平方米，服务人口不足 2 万人为 200 平方米。④县级新华书店流动售（送）书车：少数民族自治区和少数民族自治州的县；县级新华书店尚未配备流动售（送）书车。

（二）国家文化和自然遗产保护利用设施项目

在全国重点文物保护单位、国家历史文化名城、国家级非物质文化遗产、国家级风景名胜区、国家森林公园、国家地质公园等国家级珍贵文化和自然遗产名单中，遴选具有爱国主义、优秀传统文化、科学普及等教育价值，且近五年来拟实施相关保护利用设施项目的遗产资源。经地方申报、专家评审、部门审核和地方公示，共计 1184 个国家文化和自然遗产保护利用设施建设项目（不含国家公园体制试点地区项目）列入实施方案项目库。

（三）旅游基础设施和公共服务设施建设项目

1. 旅游公共服务保障设施建设：项目须为中西部重点旅游目的地或具有区域性辐射功能的入口旅游城市的旅游信息、交通、安全等公共服务体系建设项目。

2. 重点景区基础设施建设：项目须为近 5 年重点开发和建设的新景区或建档立卡

贫困村周边、具备一定条件、对当地居民就业增收带动作用显著的景区。3.红色旅游基础设施建设：项目限于列入全国红色旅游经典景区名录的红色旅游经典景区。

经地方申报、专家评审、部门审核和地方公示，共计294个旅游基础设施和公共服务设施建设项目（不含红色旅游基础设施项目）列入实施方案项目库。

在项目筛选过程中，向贫困地区适当倾斜，向配合国家"一带一路"、京津冀协同发展、长江经济带等重大战略的遗产保护项目倾斜。

项目库实施动态化管理。规划实施过程中加强对入库项目执行情况的总结评估，根据实际及时对入库项目进行调整补充。对实施条件已经发生变化的或地方上已经先行建设的项目，退出项目储备库，所在省（区、市）按照项目入库程序补充申报项目。

六、项目资金来源及中央补助投资标准

（一）项目资金来源

文化旅游提升工程相关项目实施的责任主体是地方人民政府。地方政府负责落实建设资金，国家发展改革委将根据国家财力状况统筹安排中央预算内投资，逐年安排，滚动实施。地方、项目单位等要发挥主体责任，多渠道筹措资金，加大投入，加强规划组织实施。

（二）中央补助投资标准

考虑到各地区经济发展水平和财力的差异，为更好发挥中央投资效益，原则上东、中、西部地区（含根据国家相关政策分别享受中、西部待遇的地区）中央投资补助比例为30%、60%和80%。西藏自治区、四省藏区和新疆维吾尔自治区南疆四地州（含兵团）的项目可按规划确定的最高补助额度予以全额补助。

在上述补助比例的基础上，公共文化服务设施、文化和自然遗产保护利用、旅游基础设施和公共服务设施三类项目还依据自身特点，分别设置了单个项目最高补助标准。超出部分，国家不再予以补助。具体如下：

1.公共文化服务设施

建设项目		总投资（万元）	最高中央补助限额（万元）		
			中部	西部	西藏、四省藏区、南疆四地州和兵团
贫困地区县级广播电视播出机构制播能力建设项目		200	120	160	200
广播电视无线发射台站基础设施建设项目		200	120	160	200
少数民族新闻出版东风工程	自治区级民文出版单位数字化升级项目	500	300	400	500
	自治州级民文出版单位数字化升级项目	300	180	240	300
	自治区级民文印刷设备购置项目	800	480	640	800
	自治州级民文印刷设备购置项目	200	120	160	200
	县级新华书店改扩建项目	实际面积与标准面积的差额，单位造价0.3万元	总投资的60%	总投资的80%	总投资的100%
	县级新华书店流动售（送）书车	20	12	16	20

中央投资不支持东部地区公共文化服务设施建设项目建设，对兵团公共文化服务设施建设项目给予全额补助。

2.国家文化和自然遗产保护利用设施建设项目

遗产类型		可申请中央补助的最高总投资（万元）	最高中央补助限额（万元）			
			东部	中部	西部	西藏、四省藏区和南疆四地州（含兵团）
全国重点文物保护单位	重点项目	1500	450	900	1200	1500
	一般项目	600	180	360	480	600

（续表）

遗产类型		可申请中央补助的最高总投资（万元）	最高中央补助限额（万元）			
			东部	中部	西部	西藏、四省藏区和南疆四地州（含兵团）
国家历史文化名城	国家历史文化名城的历史街区、中国历史文化街区	1000	300	600	800	1000
国家级非物质文化遗产	表演类	1200	360	720	960	1200
	技艺类	800	240	480	640	800
	民俗类	400	120	240	320	400
国家自然遗产	国家级风景名胜区	1200	360	720	960	1200
	国家森林公园	1200	360	720	960	1200
	国家地质公园	1200	360	720	960	1200

国家公园体制试点的保护利用设施项目统一按照中央负担80%，地方负担20%的标准执行，根据实际需要和年度资金盘子安排中央预算内投资，不受上表所列单个项目最高补助限额的限制。

3. 旅游公共服务保障设施建设项目和重点景区基础设施建设项目安排的中央预算内投资原则上不超过1000万元。红色旅游基础设施建设项目根据核定建设内容和投资规模，按照东、中、西部地区（含根据国家相关政策分别享受中、西部待遇的地区）30%、60%、80%的比例予以补贴，不受1000万元的最高补助限额的限制。

七、资金下达

文化旅游提升工程项目，原则上采取带项目下达的方式。年度投资计划列出每一个项目的名称、建设内容，中央投资按计划安排到具体项目。但其中的公共文化服务设施建设地方项目、国家公园体制试点范围的保护利用设施项目采取切块下达方式，不列出项目具体名称、建设规模和建设内容，各地按照管理办法和年度投资计划的要求，将中央投资分解安排到具体项目后，将安排的项目名称、建设内容和投资规模报国家发展改革委备案。

八、保障措施

（一）加强组织领导和协调配合

各地发展改革部门和相关行业主管部门要在当地政府领导下，强化文化旅游提升工程相关项目的组织实施，将工作责任落实到岗到人。要加强协作配合，建立有效的规划协调机制，做好遗产规划与经济社会发展规划、土地利用规划和城乡规划等衔接，依法保障设施用地。要及时向地方党委、政府汇报推进本地文化旅游提升工作的思路、规划和措施，积极争取党委、政府的重视和支持，争取把相关项目建设纳入各级党委、政府工作的议事日程，纳入各级政府经济社会发展中长期规划，纳入科学发展考核评价体系，确保各项工作在党委、政府领导下顺利推进。

（二）完善投入长效机制

各级政府要建立稳定的投入保障机制，切实解决文化旅游提升工程建设资金。加大中央在文化旅游提升方面的投入力度，省市两级政府要落实好地方配套建设资金，严格落实国家在贫困地区安排的公益性建设项目取消县级和西部集中连片特困地区地市级配套资金的政策。鼓励社会资本参与文化旅游相关基础设施建设项目投资。项目建设要注重生态保护，遵循绿色、低碳、环保原则，严格控制建设规模和建设标准。加强人才队伍建设，提升从业人员素质，强化运行维护机构，确保工程建设有人负责、有人管理、有人维护。

（三）加强项目全过程管理

各地发展改革部门要会同行业主管部门，共同做好项目的组织、协调、监督等工作，建立健全相应管理规章制度和工作机制，加强工程建设全过程的监督检查。要严格督促落实项目法人责任制、招标投标制、工程监理制和合同管理制，加强对工程建设项目招标投标工作的指导和监管，加强施工现场质量监督检查和审计等工作。项目建设完成后要及时组织验收，并于每年底向国家发展改革委及相关行业主管部门报告年度验收结果。国家发展改革委和相关行业主管部门将择机组织检查和评估。

文化部"十三五"时期文化发展改革规划

（节录）

四、构建现代公共文化服务体系

专栏2　现代公共文化服务体系建设

边境地区文化建设工程：……支持边境地区建设具有富民效应和示范效应的文化产业园区基地，鼓励发展传统工艺和文化旅游，支持搭建外向型展会平台，开展原创动漫边疆推广工作。……

五、加强文物保护利用

（三）拓展文物利用

……发挥文物资源在促进地区经济社会发展中的作用，培育一批文物旅游品牌。……

专栏3　文物保护利用

"互联网＋中华文明"行动计划：依托互联网，建立文物信息资源共享机制，开展文物价值挖掘、文物数字化展示利用，推动与教育、文创、动漫、游戏、工业设计、旅游等领域的跨界融合，围绕文明源流、国学经典、传统美德、艺术欣赏、乡土民俗、红色记忆等主题，进行创作、创新、创造，形成一批具有广泛影响和普遍示范效应的优秀文化产品和服务，让文物可见、可感、可亲，讲好中国故事，传播中国声音。

七、推动文化产业成为国民经济支柱性产业

（一）推动文化产业结构优化升级

……推进文化产业与制造、建筑、设计、信息、旅游、农业、体育、健康等相关产业融合发展，增加文化含量和产业附加值，把文化资源转化为产业优势和市场优势。

文化部"十三五"时期文化产业发展规划

（节录）

二、推进供给侧结构性改革，推动转型升级提质增效

（一）推进"文化+""互联网+"，促进结构优化升级

推进"文化+"和"互联网+"战略，促进互联网等高新科技在文化创作、生产、传播、消费等各环节的应用，推动文化产业与制造、建筑、设计、信息、旅游、农业、体育、健康等相关产业融合发展。

3.推动融合发展。……促进文化产业与旅游业深度融合，以文化提升旅游的内涵，以旅游扩大文化的传播和消费。……

（二）以"三大战略"为引领，优化发展布局

1.加强文化产业区域布局。……以地方和民族特色文化资源与旅游等产业深度融合为抓手，持续推动藏羌彝文化产业走廊建设。……

3.特色产业助力脱贫攻坚。……依托各地民族特色文化、红色文化、乡土文化和非物质文化遗产，大力发展贫困人口参与并受益的民族手工艺品、民间演出、乡村文化旅游等。……

专栏2 优化文化产业布局

藏羌彝文化产业走廊建设：加快推进藏羌彝文化产业走廊建设，引导实施一批文化资源有效保护与产业转化项目，培育各具特色的民族文化产业产品和品牌，打造藏羌彝文化旅游带，促进文化产业与民族文化传承保护、生态、旅游

融合发展。

（四）扩大有效供给，更好满足需求

5. 振兴传统工艺。……鼓励各地搭建平台，将传统工艺品的设计、生产与文化创意产品开发、文化旅游等有机结合。

三、坚持创新驱动，促进重点行业全面发展

落实创新驱动发展战略，促进演艺、娱乐、动漫、游戏、创意设计、网络文化、文化旅游、艺术品、工艺美术、文化会展、文化装备制造等行业全面协调发展，以重点行业的跨越式发展助推文化产业成为国民经济支柱性产业。

（一）演艺业

……培育旅游演艺市场，丰富旅游演艺产品……

（七）文化旅游业

到 2020 年，文化与旅游双向深度融合，促进休闲娱乐消费的作用更加明显，培育 5—10 个品牌效应突出的特色文化旅游功能区，支持建设一批有历史、地域、民族特色和文化内涵的旅游休闲街区、特色小（城）镇、旅游度假区，培育一批文化旅游精品和品牌。鼓励文化创意、演艺、工艺美术、非物质文化遗产等与旅游资源整合，开发具有地域特色和民族风情的旅游演艺精品和旅游商品。提升文化旅游产品开发和服务设计水平，促进发展参与式、体验式等新型业态。支持开发集文化创意、旅游休闲、康体养生等主题于一体的文化旅游综合体。扶持旅游与文化创意产品开发、数字文化产业相融合。推进区域文化旅游一体化发展，支持培育一批跨区域特色文化旅游功能区。支持民族特色文化旅游繁荣发展，支持设计开发民族文化体验项目，促进文化生态旅游融合。

文化部"十三五"时期文化科技创新规划

（节录）

一、基本思路

（三）发展目标

……

——**全面支持文化创意融入实体经济**。发挥文化科技引擎作用，促进文化创意与消费品工业、装备制造业、建筑业、信息业、旅游业、体育业和特色农业等行业融合发展，赋予实体经济更丰富的文化内涵，有效提升经济发展质量。

……

二、主要任务

（三）加强成果应用

……

促进文化科技成果广泛融入实体经济。开发文化科技与相关产业融合发展的集成技术，增强相关产业文化科技含量。推动动漫游戏、演出展演展陈技术等在设计、制造、科普、宣传、教育、体育、建筑、旅游和现代农业等领域中的集成应用，提升社区、乡村和景区等公共空间的文化品质。

文化部关于推动数字文化产业创新发展的指导意见

（文产发〔2017〕8号）

（节录）

二、引导数字文化产业发展方向

（六）推进数字文化产业与相关产业融合发展

推进数字文化产业与先进制造业、消费品工业融合发展，与信息业、旅游业、广告业、商贸流通业等现代服务业融合发展，与实体经济深度融合。……提升旅游产品开发和旅游服务设计的文化内涵和数字化水平，促进虚拟旅游展示等新模式创新发展。……

三、着力发展数字文化产业重点领域

（十二）发展数字艺术展示产业

……推动数字艺术展示与公共空间、公共设施、公共艺术相结合，与智慧旅游、城市综合体、特色小（城）镇相结合，打造数字艺术展示品牌活动，发挥数字艺术展示在拉动地方消费、提升地区形象、提高文化品位等方面的作用。……

文化部关于贯彻落实《国务院关于推进文化创意和设计服务与相关产业融合发展的若干意见》的实施意见

（文产发〔2014〕15号）

（节录）

三、充分发挥文化创意和设计服务对相关产业发展的支持作用

（九）促进文化旅游融合发展

鼓励文化创意和设计服务进入旅游业，提升文化旅游产品开发和服务设计水平，促进发展特色文化旅游，促进发展参与式、体验式等新型业态。鼓励文化创意、演艺、工艺美术与旅游资源整合，开发具有地域特色和民族风情的旅游演艺精品和旅游商品。支持建设富有文化特色与内涵的休闲街区、特色村镇、旅游度假区，加快培育文化旅游精品。

加快新首钢高端产业综合服务区发展建设
打造新时代首都城市复兴新地标行动计划
（2019 年—2021 年）

（节录）

三、重点任务

（四）强化工业遗存再利用，促进文化传承发展

1. 保护传承工业文化。 深度挖掘老工业区历史文化遗产与工业遗存人文价值，融入现代元素，释放传统工业资源的生命力。推进首钢主厂区、二通厂区等工业遗存保护利用改造，重点建设 3 号高炉改造工程、脱硫车间改造工程，因地制宜建设博物馆、产业孵化基地、休闲体验设施。利用铁轨、管廊、传送带等工业遗存建设铁轨绿道、空中步道，营造城市特色公共空间。

……

3. 培育品牌文化活动。 利用新建体育设施和工业遗存空间，打造一批具有国际影响力的文化节庆赛事活动。结合首钢工业遗址公园建设，打造工业旅游精品工程。以庆祝首钢建厂百年为主题，策划组织系列文化活动。

北京市委、市政府印发《关于推进文化创意产业创新发展的意见》的通知

（京发〔2018〕14号）

（节录）

二、优化构建高端产业体系

（二）重点发展的领域环节

1. 聚焦创意设计。……推进创意设计与高端制造、商务服务、信息、旅游、农业、体育、金融、教育服务等产业融合发展，打造北京设计、北京创造品牌。

……

7. 聚焦文博非遗。大力推动文化文物单位文化创意产品开发，建立创意产品研发、投融资服务和营销推广平台。通过品牌授权、数字化应用等手段，促进文博非遗资源与创意设计、旅游、影视等产业深度融合。……

北京市国民经济和社会发展第十三个五年规划纲要

（节录）

第六篇　首力建设全国文化中心

第二章　保护好历史文化名城金名片

二、传承弘扬优秀文化

传承古都文化。……通过举办文化活动、展示展览等多种方式，让人们更多地了解古都文化。加强旅游设施建设，提升旅游服务水平，促进旅游文化产业发展，让人们在休闲旅游中更好地体验古都魅力。

第三章　提供丰富多彩的文化服务

二、推动文化产业蓬勃发展

促进文化与科技融合。……加强重点文化创意产业功能区建设，发挥好高级文化创意产业示范园区的引领带动作用……发挥科技、文化融合带动作用，提升产业附加值和功能区内涵，形成文化创意产业与科技、金融、旅游等相关产业高水平、深层次、宽领域的融合发展格局。……

北京市"十三五"时期加强全国文化中心建设规划

（节录）

一、指导思想、总体目标、基本原则和发展格局

（四）发展格局

——文化中心功能拓展层。……推动建立文化旅游、体育赛事等协作机制，形成京津冀全方位、宽领域、多层次文化交流合作的良好局面。

二、主要任务

（五）加强中华优秀文化保护、传承与发展

——充分挖掘和展示北京历史文脉。……加强北京文化符号研究，推出代表北京文化形象的旅游产品。借助远郊区的古镇、古村落、古商道等乡土文化遗产，发展特色文化旅游，大力保护历史文化街区、名镇、名村和传统村落，使之成为居民留住乡愁的精神和物质载体。

（八）激发文化创意产业创新创造活力

——推动文化业态创新。……依托北京设计之都的企业、人才资源优势和雄厚的工业设计基础，推进文化创意和设计服务与高端制造业、商务服务业、信息业、旅游业、农业和体育产业等重点领域联动发展，进一步巩固北京在工业设计、建筑设计、创意艺术设计、服装设计等领域的竞争优势和市场地位，塑造"北京设计""北京创造"品牌。充分利用大数据，为影视、演出、设计等行业服务。充分挖掘首都文化资源，大力发展文化旅游。……

北京市人民政府关于促进文化消费的意见

（京政发〔2014〕44 号）

（节录）

一、总体要求

（二）基本原则

——融合发展，产业联动。推进文化创意和设计服务与装备制造业、消费品工业、建筑业、信息业、旅游业、农业和体育产业融合发展，促进相关产业转型升级，拓展文化消费新空间。

二、重点任务

（五）拓展文化消费空间

……推进有条件的文化资源向旅游产品转化，支持旅游景区增设文化消费项目，开辟特色文化旅游新线路。……

北京市文化创意产业功能区建设发展规划
（2014—2020年）

（节录）

二、系统谋划未来发展蓝图

（三）发展目标

2. 以功能区建设促进人才、技术等核心要素集聚融合，实现产业协作、区域协调发展，进一步带动首都产业转型升级。 通过功能区建设，进一步集聚文化人才、信息、技术、资本等创新要素资源，促进文化与科技、金融、制造业、旅游、农业、体育等产业深度融合发展，驱动北京经济转型升级。……

三、全面优化产业空间布局

（二）引导"两条主线带动，七大板块支撑"的产业空间集聚。

4. 传媒影视板块

影视产业功能区。……进一步探索功能区多元化利用形式，促进文化旅游与影视产业融合发展。

（三）推动产业融合、协作互补、联动共赢的区域协同发展。

2. 以文化创意和相关产业融合，促进功能区和北京市其他重点产业功能区联动发展。……大力推动文化旅游和文化休闲融合发展，提升旅游产业和现代农业附加值，推动郊区县景区从旅游观光和门票经济向文化产业和综合效益转变，带动景区周边村庄的传统农业向"文旅农"融合的品牌农业、休闲农业转变。

北京市"十三五"时期文化创意产业发展规划

（节录）

三、指导思想、基本原则和发展目标

（二）基本原则

——融合带动。用创意、设计、品牌等文化要素拓展价值、提升内涵，有效提升产业附加值，形成文化创意产业与科技、金融、旅游等相关产业高水平、深层次、宽领域的融合发展格局。

四、优化文化创意产业发展布局

（一）促进全市文化创意产业差异化、特色化发展

结合各区资源禀赋和比较优势，形成各区梯次演进，有序衔接的发展格局。东城区、西城区着力传承北京城市历史文脉和老字号品牌文化，促进北京历史文化遗产和传统街区风貌的传承与复兴，保护利用好历史文化名城金名片，重点发展文化演艺、文化金融、文化旅游等，服务国际交往中心建设。……

2019 年北京市文化和旅游促消费措施十二条

（节录）

四、强化文旅活动消费引领

（六）以世园会系列活动增强文旅消费吸引力

支持世园会的宣传推广，利用世界旅游城市联合会、北京旅游全球战略合作伙伴计划、北京旅游 FACEBOOK 公众账号、海外重点国际机场等海内外市场促销平台和渠道，推广世园会和延庆文化旅游特色资源、旅游线路产品、旅游商品，支持旅行社开发针对世园会的特色旅游线路，提升世园会的消费吸引力。支持世园会文化活动，组织好世园会开幕式、中国馆日、北京日、闭幕式四大环节中的文化演出。

（七）以重大品牌活动拉动文旅消费升级

发挥重大文旅活动的品牌优势，谋划办好北京国际文化产业博览会、北京国际旅游博览会、北京国际旅游商品及旅游装备博览会、京津冀自驾游与房车路露营大会，展示国内外特色旅游商品、旅游装备、茶业及茶艺、老字号、旅游文创等相关产品及服务，强化对新兴消费的带动。继续办好中国戏曲文化周、艺术北京、动漫北京、演艺博览会、北京国际音乐节、北京电视节目交易会等品牌文化活动，全面发挥品牌文化活动对文化消费的带动作用。

五、提升旅游服务消费水平

（九）以开发新线路产品丰富旅游资源供给

……支持文化文物单位开发文创旅游产品、旅游纪念品，并纳入"北京礼物"品牌系列。……

北京市文化创意产业提升规划（2014—2020年）

（节录）

四、开拓创新，推动业态融合发展

（三）文化与其他领域融合

1. 文化旅游融合

赋予旅游产业更多文化内涵，提升旅游业发展质量。推动特色文化旅游发展，促进发展参与式、体验式等新型业态。发展新型乡村生态旅游，支持开发康体、养生、运动、娱乐、体验等多样化、综合性旅游休闲产品，建设一批休闲街区、特色村镇、旅游度假区，打造便捷、舒适、健康的休闲空间，提升旅游产品开发和旅游服务设计的人性化、科学化水平，满足广大群众个性化旅游需求。深度挖掘北京皇城文化、老北京民俗文化等传统文化旅游资源，发展具有北京地域特色的戏剧、文学、绘画、音乐以及传统民俗、传统商业、传统娱乐等京味文化主题旅游项目。开辟以名人故居、会馆、胡同和传统街区为核心的历史文化旅游街区，将北京胡同游和老北京深度体验与社区参与紧密结合。依托本市高等院校、科研院所、科技园区、工业设施众多的资源优势，发展校园观光、科技观光、科教文化体验、工业旅游等旅游服务。扶持旅游演出，繁荣夜间旅游市场，促进旅游消费。